朝日新書
Asahi Shinsho 908

「単純化」という病

安倍政治が日本に残したもの

郷原信郎

朝日新聞出版

はじめに

2022年7月8日、安倍晋三元首相が参議院選挙の応援演説中に銃弾に斃《たお》れて、1年近くが経った。

この間に、日本の政治状況は激変した。その中で、それまで国民が知らなかった多くのことが明らかになってきた。それは、安倍総裁率いる自民党が民主党から政権を奪還して第二次安倍政権が発足し、8年近くの長期政権の後、菅《すが》政権、そして岸田政権へと継承された約10年の間の日本の政治が何であったのか、その間の社会にはどういうことが起きていたのかを知る手がかりにもなるものだった。

政治も社会も方向性を失っているように思える今、次のステージを考えていく上でも、これまでの10年のことを改めて考えてみることは有益であろう。

間違いなく言えることは、この10年の間にあらゆる面で「単純化」が進んだということである。

「安倍一強体制」とも言われるほどに権力が集中し、自民党内でも政府内部でも、安倍首相とその側近の政治家や官邸官僚には逆らえず、その意向を忖度《そんたく》せざるを得ない状況になった。安倍支持派と反安倍派との対立は激しくなり、「二極化」が進んだ。両者の対立は、妥協の余地どころか、議論の余地すらないほど先鋭化した。

ここで、特に安倍支持派が中心にしたのが「法令遵守と多数決ですべてが解決する」という論理である。

森友学園、加計学園、桜を見る会などの問題が表面化し、反安倍派が追及を始めると、安倍氏本人から、或いは安倍支持派から、決まって出てくるのが、「何か法令に違反しているのか。犯罪に当たるのか」という問いだ。黒川弘務《ひろむ》・東京高検検事長の定年延長問題で「検察庁法に違反するのではないか」と指摘され、「解釈を変更した」という話がでてきたように、「法令に違反していない」と開き直り、そう言えない時には「閣議決定で法令解釈を変更した」と説明すれば済む、というのであれば、すべての物事は「問題ない」ということにできる。それが、選挙で多数の国民の支持を受けているから許されるということなのであれば、まさに「法令遵守」と「多数決」ですべて押し通せることになるのである。

結局のところ、「選挙で勝ってしまえば何でもあり」ということになってしまう。安倍氏が6回の国政選挙を、自民党総裁としていずれも圧勝してきたことで、第二次安倍政権下の「法令遵守」と「多数決」の組合せは盤石となった。

そのような安倍政権に対して、野党の批判・追及は、あまりに「単純」だった。批判を安倍首相本人に集中させて、対立構図に持ち込んで政局化しようとした。それが典型的に表れたのが、森友学園問題、加計学園問題だった。

森友学園問題に関しては、「安倍一強体制」という権力集中の状況で、安倍首相又は妻の昭恵氏と親密な関係にある特定の学校法人が、国から不当な優遇を受けたかどうかが問題となった。国有地の払下げにおいて、地下埋設物撤去費用をどう評価するか、という厄介な問題があった。また、加計学園問題の根本には、規制緩和の進め方の問題、国家戦略特区をめぐるコンプライアンスに関する問題など、多くの重要な論点があった。しかし、野党の国会での追及も、マスコミの論調も、単純に、安倍首相又は昭恵氏が森友学園の土地の払下げに関わったか否か、安倍首相が、「腹心の友」が理事長を務める特定の学校法人に有利な指示・意向を示したかどうか、に「単純化」された。

一方で、安倍政権側の対応も、森友学園問題では、安倍首相による「私や妻が関係していたということになれば、総理大臣も国会議員も辞める」との挑発的国会答弁が野党側の「政局的追及」を招き、財務省の虚偽答弁、公文書改ざんなどにつながった。加計学園問題では「関係法令に基づき適切に実施している」などと、全く問題がないかのように言い続けたことが、文科省内部の反発を招いて、内部文書の流出、前事務次官の前川喜平《きへい》氏の公の場での発言などにつながり、それが逆に、安倍首相の指示・意向についての疑いを深めることにつながった。

内閣府も、積極的な事実調査も説明や文書・資料の提示もせず、記者会見での菅義偉《よしひで》官房長官の「法令に基づき適切に対応」との紋切り型コメントに終始し、安倍支持・反安倍の対立は一層深まった。

野党やマスコミの追及は表面的なもので、問題の本質に関する指摘がなく、安倍政権側も、安倍首相の関与を否定した上で「法令遵守上、問題がない」と言うだけの、不毛な議論が繰り返されるのが「安倍一強体制」下でのお決まりのパターンだった。

それは、政権に対しては不信を、野党に対しては失望を生じさせ、国政選挙の度に、低投票率で政権側の圧勝が続き、結局、国民の政治への関心が一層低下する結果を招いた。

そしてこのような状況が続くことで、反安倍派は安倍氏個人への憎悪を募らせて批判の論調が一層激しいものとなり、一方の安倍支持派は、そのような反安倍派を「アベガー」と罵《のの》るという対立・分断がますます極端化していった。

そして、2019年11月に表面化した桜を見る会問題は、国主催の行事が安倍首相の選挙区の有権者の歓待のために私物化されるという、誠に「単純な話」であった。「法令遵守と多数決ですべてが解決する」という論理で押し切る手法は、菅政権も同様だった。それが、政権発足間もなく極端な形で表れたのが、日本学術会議が推薦した会員候補6人を菅首相が任命しなかった問題だった。

1983年の日本学術会議法の改正で、会員の公選制から任命制に変更された時点では、内閣総理大臣が推薦者の任命を拒否することは認められないという解釈をとっていたにもかかわらず、内閣法制局と内閣府との協議で、推薦者の任命を総理大臣が拒否することができると「解釈変更」し、6人の任命見送りを行った。そのような強権的な手法が厳しい批判を受けたことに加え、コロナ感染拡大の下での東京五輪開催への批判などもあって、菅政権は1年足らずで終わったが、岸田政権に変わり、その直後の衆院選でも与党が安定多数を確保、権力集中は岸田政権に引き継がれたと思われた。

こうして第二次安倍政権発足から約10年、政権への権力集中、分断・二極化が進んだ日本の政治を根底から揺り動かしたのが、2022年7月8日の銃撃事件だった。

安倍氏の国葬を行うことの是非をめぐる世の中の分断・二極化の中で、安倍氏殺害の動機に関連して、にわかにクローズアップされたのが旧統一教会（現・世界平和統一家庭連合）と自民党の癒着という問題だった。この問題は、自民党という政党が、反日的教義を持つ宗教団体と親密な関係を維持し、水面下で選挙協力を受けてまで選挙で勝つことを優先し、それによって政権与党の地位を維持してきた疑いを生じさせるものだった。

「法令遵守」と「多数決」の組合せの一角を支えてきた日本の「選挙」というものが、「民主主義の基盤」というには、あまりに空虚なものでしかなかったことが露《あら》わになった。

第二次安倍政権下で進んだ「法令遵守と多数決」による「単純化」は、日本社会にとって深刻な病なのである。

本書では、何がどう「単純化」され、それがどのような事態を招いたのかを考えてみる。


なお、本書の執筆が最終段階に至っていた2023年2月初旬、故安倍晋三氏自身の長時間にわたるインタビューを内容とする『安倍晋三回顧録』（聞き手・橋本五郎、尾山宏 監修・北村滋 中央公論新社）が公刊された。本書で取り上げた森友学園・加計学園問題、桜を見る会問題についても安倍氏の話が収録されていたので、本書の終章の最後で、その内容についても言及することにした。

同書に収められた安倍氏自身がこれらの問題について語っていた内容は、本書で述べるこれらの問題の「単純化」の構図と異なるものではない。それどころか、安倍氏自身が、特に森友学園問題について、世の中一般とはかなり異なる認識を持っていたこと、それは、別の意味での「単純化」そのものであったことがわかる。

そういう意味では、本書のテーマの「単純化」の元凶として、戦後最長の在任期間を誇った首相自身の「単純な問題の捉え方」があったと言えるように思う。

原則として、肩書や組織名、数字等の表記は当時のものとしました。

写真　朝日新聞社

「単純化」という病

安倍政治が日本に残したもの

目次

第四章　放置された「ウソ」の構図 105

第五章　銃撃事件以後も繰り返される〝手法〟 135

第一章　国有地売却をめぐる「単純化」

森友学園が建設を進めていた小学校。ゴミの撤去費を理由に国有地が大幅に値引きされ、学園に売却された＝2022年1月6日、大阪府豊中市

第二次政権発足以降の「単純化」の背景

２０１２年12月の衆議院選挙で２９４議席を獲得して圧勝し、57議席と大惨敗した民主党から政権を奪還した自民党総裁の安倍氏にとっては、第一次政権と同じ轍《てつ》を踏まないことが至上命題だったと考えられる。２００７年7月の参院選で大敗し参議院で過半数割れに追い込まれたために、衆参の議席の「ねじれ」が生じ、敗北の責任を問われるとともに国会運営も困難となった。閣僚の不祥事表面化も相次ぎ、持病の悪化も重なって、最後には「政権投げ出し」の形で総理大臣を辞任した。この時のように「みじめな形で退陣に追い込まれること」だけは絶対に繰り返さない、ということに安倍氏が何より拘《こだわ》ったことは想像に難くない。

第一次政権での「みじめな退陣」の最大の原因は、参議院選挙での敗北だった。とにかく、政権発足から半年余り後の２０１３年の参院選に圧勝して、衆議院での圧倒的多数に加えて参議院でも過半数の議席を獲得し、政権を盤石なものとすることが何より重要だったと考えられる。

総理大臣に就任した安倍氏は、世論の支持を高めることに全力を尽くした。

日本銀行総裁にリフレ派の黒田東彦《はるひこ》氏を就任させ、無期限緩和を打ち出して、金利低下、円安で株高を演出し、民主党政権から自民党が政権を奪還したことで経済が大幅に好転したことを印象づけ、これを「アベノミクス」と称し、その是非を2013年7月参院選の最大の争点にした。

この参院選で旧統一教会の自民党議員への協力が強まったことが、安倍氏銃撃事件後に次第に明らかになってきた。そのような宗教団体の応援を含め、あらゆる手段を用いて参院選の勝利に全力を尽くした安倍自民党は、単独で改選議席の過半数を超える65議席を獲得し、圧勝した。一方、政権を失った民主党は、17議席と大惨敗した。

これにより、国会で安倍政権に対抗できる野党勢力は完全に失われたに等しい状況になった。

安定的な政治勢力を獲得した安倍氏は、2013年から14年にかけて、国家安全保障会議の設置、武器の禁輸見直し、集団的自衛権の容認など、それまでの自民党政権が実現できなかった戦後日本の安保政策を大きく変える政策を次々と実行していった。それまで、そのような政策を進める上で障害になっていた憲法9条との関係については、内閣法制局長官を、内閣法制局次長からの内部昇格というそれまでの慣例を破って、外務省出身の小松一郎氏を任命し、それによって集団的自衛権を容認する憲法解釈を内閣法制局に承認させた。

また、防衛機密に関連する特定秘密保護法も、野党の反対を押し切って国会で法案を成立させ、2014年末の衆議院の解散総選挙で再び圧勝した後、2015年には、平和安全保障法制に関連する一連の法律を次々と成立させた。

そのような安倍氏の政策推進が可能だったのは、まさに選挙結果に基づく圧倒的優位によるものであった。このような安倍氏の政治姿勢は、自民党のコアな支持者、保守派・タカ派の論客等からは強く支持される一方、野党支持者、リベラル派にとっては許し難いものであった。

また、2014年5月に、安倍政権は、各省の幹部人事を首相官邸が一元的に掌握《しょうあく》し、政治主導の行政運営を実現するため、内閣人事局を設置した。これによって、首相官邸が審議官級以上の人事権をすべて掌握することになった。

政治主導の行政運営は、2008年に制定された国家公務員制度改革基本法で定められ、その後の紆余曲折《うよきょくせつ》を経て、ようやく施行6年後の2014年に内閣人事局が設置されたものだった。

2008年の同法の成立時点は政治状況が不安定で、その後民主党への政権交代も起きた。しかし、実際に制度化された2014年は、安倍政権の政治的基盤は盤石で政治権力の集中が進んでおり、首相官邸が官僚の幹部人事を掌握することの意味は全く異なっていた。

　戦後、各省庁ごとに行われる中央省庁の官僚の採用・人事が、「省益優先」「縦割り行政」につながると指摘され、アメリカで定着している政治任用に転換すべきということは、かねてから言われてきたことだ。しかし、それを考える上では、官僚のキャリアシステム、人材の流動性との関係を無視することができない。

　アメリカでは、法曹資格者の数が圧倒的に多く、その中で、国会議員、連邦職員、裁判官、検察官、弁護士等の間に人材の流動性が確保されている。そのため、政権が変われば、政治任用される連邦の幹部職員等は交代するが、それまでのキャリアは、その後も他の職において十分に活用できる。

　しかし、日本の場合は、いまだに、中央省庁の官僚は、基本的に終身雇用、年功序列が維持されており、キャリア官僚にとって、幹部に昇進すればするほど、その省庁での昇進が極めて重要なものとなり、何らかの事由で昇進の道を閉ざされた場合には、それまで築き上げてきたキャリアの殆《ほとん》どが無意味なものになる。そういう意味では、日本型の中央省庁の人事システムのままで、その枢要部分の人事が官邸主導になるということにより、官僚の世界全体が、首相ないし官邸の意向に従う、或いは忖度をせざるを得なくなったのは、やむを得ないものだった。

安倍政権が長期化する中で、官僚の世界は、官邸の方針・意向に盲従ないし忖度し、それまでのような、有能な官僚としての、専門知識や行政経験を活かした主体的な判断の余地が狭まり、その本来の機能が低下していった。

自民党内も、衆議院の小選挙区・比例代表制においては、党の執行部に逆らうことは、次回選挙で公認が得られず議員の地位を失うリスクに直結するため、所属議員は、官邸や党執行部の意向に盲従ないし忖度する傾向が顕著となり、重要な政策に関しても党内での議論は殆ど行われなくなった。

こうして、第二次安倍政権においては、国会内の野党の存在も、マスコミの論調も、中央省庁の官僚も、そして、自民党内の議論も、官邸主導で推し進める政策の阻害要因にはならず、憲法改正のような特別の国会議決が必要なもの以外は、安倍氏を中心とする官邸の意向がほとんど無条件に実現する状況になっていった。

それは、「安倍一強体制」とも言われ、それが社会全体における「単純化」の背景となっていった。

そのような状況が一層深まっていった2017年に、相次いで表面化したのが、森友学園問題と加計学園問題だった。

昭恵氏と森友学園との関係

森友学園問題とは、大阪市内で幼稚園などを経営していた学校法人「森友学園」が、小学校用地として2016年6月に購入した大阪府豊中市の国有地をめぐる問題である。2017年2月9日の朝日新聞の記事は、①国有地の売却価格が、小学校用地として近隣の約10分の1の価格であったこと、②原則公表すべき売却価格を財務省が伏せていること、③小学校の名誉校長が安倍首相の妻・昭恵氏だったこと、などを報じた。当初の記事は、①〜③を並列的に書いているだけだったが、③が①に関係しており、そのことが②の売却価格の隠蔽につながっているとの疑惑を持って報じていることは明らかだった。

そして2月17日、衆議院予算委員会で、民進党の福島伸享《のぶゆき》議員が、この国有地売却問題について、佐川宣寿《のぶひさ》理財局長等に経過を質問した後、昭恵氏が森友学園の小学校の名誉校長とされていること、安倍晋三記念小学校と称して寄附金を集めていることなどを指摘して質問したところ、安倍氏は「私や妻がこの認可あるいは国有地払下げに、もちろん事務所も含めて、一切かかわっていないということは明確にさせていただきたい」「私や妻が関係していたということになれば、まさに私は、それはもう間違いなく総理大臣も国会議員も辞めるということ はっきりと申し上げておきたい」などと述べた。

この①〜③の3つのうち、本来、問題の核心は①の国有地が不当に安く売却された事実があったか否かであり、その点について問題がないのであれば、②の売却価格の非公表も、③の昭恵氏が名誉校長になっていることも特に問題ではなかったはずだ。

ところが、この点については、地下から大量のゴミが発見され、その処理費用をどのように見積もるかという特殊な問題が売却価格に関係していたことなどから、事実関係を客観的に明らかにすることは容易なことではなかった。

2017年3月6日の参議院予算委員会で、国会や内閣から独立して検査する権限を持つ会計検査院に対して、土地の貸付・売却の経緯、貸付価格や売却価格、価格算定の手続きの適正性、土地の貸付・売却に関する行政文書の管理状況を検査項目とする検査要請が議決され、会計検査院は同年11月22日に検査結果を公表した。

しかし、前記の「安倍首相答弁」によって、「国有地売却への安倍首相夫妻の関与の有無」が、首相辞任、国会議員辞職にもつながりかねない「政治的大問題」になった。それが、財務省の過剰な反応を引き起こし、佐川理財局長の虚偽答弁、そして、決裁文書改ざんなどという前代未聞の不正行為が行われる異常な展開につながっていった。

しかも、前記①の売却価格が不当に安価であったか否かについて、会計検査院の検査結果で事実が明らかになるまでの間は、前記②の「払下げ価格隠蔽」の事実と相まって、③

の昭恵氏の森友学園への関与と国有地売却との関係の方が国会での追及の対象となった。そして、上記の会計検査院の検査結果が公表された後、2018年1月から3月にかけて、大学教授による情報開示請求や朝日新聞の報道などにより、検査に必要な文書が提出されていなかったり、提出された文書が財務省によって改ざんされていたりしたことが明らかになった。会計検査院は国会での追及を受けて、同年6月19日の参議院予算委員会理事懇談会で、再調査を行うことを明らかにし、同年11月22日に最終的な検査結果が公表された。

この会計検査院の調査結果では、この国有地の売却について手続き上の問題点が指摘されたが、売却価格の不当性は認められなかった。

国有地の売却価格が近隣の約10分の1の価格であったという前記①の問題については、「校舎建設の途上で地下に大量のゴミが発生したと森友学園から連絡があり、すぐにその処理の予算を確保することが困難であったこと、国自らが撤去工事を実施すると予算措置や発注業務に時間を要すること、これによって学校設置に影響が生じた場合、森友学園から債務不履行等による損害賠償請求を受けるなどの可能性があると考えられたことから、森友学園からの購入要望を受けて、本件土地の状況を鑑定評価額に反映させることとして、本件土地に関する一切の瑕疵《かし》について国の瑕疵担保責任を免除するなどの特約条項を付した。本件土地を売り払うことが国としての解決策であると考えるに至ったもので、実際は、国有地が不当に安価な価格で払い下げられたものではなかった」とされた。

しかし、前記のような経緯により、このような事実が、会計検査院という中立的な機関による客観性のある調査によって明らかになるのに時間がかかっている間に、財務省側は、前記③の昭恵氏と森友学園の関係に関して、それに関する事実を隠蔽しようとする様々な画策を行い、その中で、決裁文書改ざんという重大な不正まで行われた。

この間、一方の当事者の森友学園の籠池泰典《かごいけやすのり》理事長の側は、昭恵氏を通じて安倍晋三氏から寄附を受けたと公言するなど森友学園と安倍首相夫妻との関係を殊更《ことさら》に強調する方向で動き始めた。

そうした中で、本来は、国有地の売却価格が近隣の約10分の1の価格であったことが適切であったのか、不当な優遇であったのか、という点が問題の核心であったのに、その点が曖昧なまま、「安倍首相夫妻、特に昭恵氏と森友学園との関係」が最大の関心事となり、問題が「単純化」されていった。

しかも、この問題をめぐる対立の構図が、「単純化」をますます極端化させていった。

安倍首相、政府・与党側は、森友学園との関係を可能な限り否定・矮小化しようとしたが、もともとは昭恵氏と親しい関係で、国有地の売却をめぐって野党・マスコミから追及される立場だった籠池氏が、2017年3月16日、参議院予算委員会による森友学園に売却された土地の現地調査の際、「安倍晋三首相から、夫人の昭恵氏を通じて100万円寄附を受けた」と述べた。この時点から籠池氏は、昭恵氏との関係が親密なものであったことを強調することで、安倍氏側と対立関係となった。そして、その籠池氏の話を利用しようとしたのが野党、そしてマスコミだった。

既に、この時点までに財務省側は、佐川理財局長が国会で、近畿財務局と森友学園の交渉や面会の記録について「売買契約の締結をもって事案が終了しているということなので、(中略)速やかに事案終了で廃棄をしているということだと思いますので、記録は残ってございません」と虚偽答弁を行っていた。これらも、「安倍首相答弁」への過剰反応から、「昭恵氏と森友学園との関係」ができるだけ明らかにならないようにする目的で行われたものと考えられる。

証人喚問に打って出た自民党

籠池氏が「安倍晋三首相から、夫人の昭恵氏を通じて100万円寄附を受けた」と述べたことに対する自民党側、官邸側の対応も、過剰反応そのものだった。

籠池氏の発言を受け、自民党側から野党側に、衆参両院の予算委員会で、籠池氏の証人喚問をそれぞれ実施することが提案された。

もし、籠池氏が言う「安倍首相からの寄附金100万円を昭恵氏から受け取った」という事実があったとすると、国会で、寄附金集めにも、「まったく関係ないということは申し上げておきたい」と明言していた安倍首相には致命的な事態になる。それまでに明らかになっていた森友学園の小学校新設をめぐる様々な問題からすると、「安倍首相夫人からの100万円の現金の受領」だけでも、安倍首相にとって重大な事態になることは避けがたかった。

そこで自民党側は、野党側が求めてきた「参考人招致」ではなく「証人喚問」を行うことによって、偽証をすれば刑事罰を科される立場に籠池氏を追い込み、「昭恵氏を通じて100万円の寄附を受けた」との証言を撤回させるか、証言を維持するのであれば、偽証罪での告発によって籠池氏の証言が嘘であることを司法判断で明らかにしようと考えたのであろう。

自民党としては、国会での圧倒的多数の「数の力」で偽証告発に持ち込むことができると考えたのかもしれない。しかし、議員証言法では、証人の告発は委員会の3分の2の賛成が必要である。衆議院予算委員会では委員長を除く49名の委員の3分の2は33人で、自民党の30人だけでは足りない。籠池証言について、偽証告発が行われ、処罰まで行われるためには、「籠池証言が虚偽であること」を自民党以外の議員も賛成する程度にまで立証できなければならない。偽証には虚偽証言の犯意が必要であり、それは容易なこととは思えなかった。

籠池氏が昭恵氏からの100万円の受領の話をしたと報じられてから、2、3時間後には、竹下亘《わたる》国対委員長が「証人喚問」を言い出した。籠池発言が出た段階で、その挑発に乗る形で自民党側から証人喚問に打って出たのは、「危機対応」としては全くの誤りだった。

2017年3月23日に衆参両院の予算委員会で証人喚問が行われ、籠池氏は昭恵氏から100万円の寄附を受領した旨証言した。自民党が籠池氏の「安倍首相からの100万円寄附」の発言の直後に、拙速に証人喚問に打って出た「拙劣極まりない危機対応」の結果、証人喚問は「籠池氏の独演会」という当然の結果に終わった。しかも、籠池氏が証人喚問で明らかにした昭恵夫人付職員からのファックスで、昭恵氏が国有地の売却に関わってい た疑いが生じるなど、自民党、首相官邸はますます窮地に追い込まれることになった。

それにより、野党側がもう一方の当事者の昭恵氏の証人喚問を求めたが、与党側はそれを拒否した。安倍首相は、昭恵氏の証人喚問が不要であることの理由として、「なぜ籠池さんが証人として呼ばれたのかと言えば、(中略)補助金等の不正な刑事罰に関わることをやっているかどうかであり、私や妻はそうではないわけであるから、それなのに証人喚問に出ろというのはおかしな話」などと述べた。

国会での証人喚問は、憲法62条の「両議院は、各々国政に関する調査を行ひ、これに関して、証人の出頭及び証言並びに記録の提出を要求することができる」と明文で認められている国会の「国政調査権」の手段の一つである。しかし、喚問した証人自身に対して「刑事事件」に関することを証言させることは、憲法38条1項の「何人も、自己に不利益な供述を強要されない」との規定で保障される「供述拒否権」を侵害する恐れがあるので、議院証言法4条は「証人又はその親族等が刑事訴追を受け、又は有罪判決を受けるおそれのあるときは、証言等を拒むことができる」として、供述を拒否する権利が、証人喚問においても認められている。籠池氏が証人喚問で、「刑事訴追のおそれがあるので答弁を控えます」と述べて証言を拒否したのも、この権利に基づくものだ。

「証人の犯罪に関すること」に国政調査権が及ばないのは、あまりにも当然のことだ。籠池氏に補助金に関する犯罪の疑いがあったとしても、それは証人喚問の「障害」にはなりえても、証人喚問の「理由」になるなどということはあり得なかった。犯罪に当たる可能性のある者だけを証人喚問するということであれば、証人喚問は「犯罪捜査のためのもの」ということになり、「刑事訴追の恐れがある」との証言拒否で終わってしまう。

ところが、そのような「国政調査権に関する当然の常識」に反して、安倍首相は、「犯罪の疑いがなければ、証人喚問は行わない」と国会で公言した。そして、それに呼応して、政府首脳や自民党幹部までが、同趣旨のことを言い出した。この時の国会は、まさに憲法も法律も無視した暴論が平然とまかり通る異常な事態になっていたのである。

「偽証罪による告発」は無理筋

2017年3月28日、「籠池氏偽証告発」に向けての自民党の調査結果が公表された。同日夜、自民党の西村康稔《やすとし》総裁特別補佐が、西田昌司《しょうじ》参議院議員、葉梨康弘衆議院議員とともに、党本部で緊急の記者会見を行い、衆参両院で証人喚問を受けた森友学園の籠池泰典氏による複数の発言に虚偽の疑いが濃厚だとして「国政調査権の発動も必要だ。精査を進めたい」と述べ、その上で、議院証言法に基づく偽証罪での告発について「偽証が確定すれば考えたい」などと述べた。

国会での証人喚問は、憲法62条に基づく「国政調査権」の手段として、国政上の重要事項に関して、偽証の制裁を科して証言を求め、真実を究明するために行われるものだ。そこで、仮に、事実に反する証言が「故意に」行われたとしても、すべてが「偽証告発」の対象となるものではない。

閣僚、政府高官、国会議員等に関して何らかの疑惑が持ち上がり、それに関して国会として真相解明のために、当事者の証人喚問を行い、そこで疑惑を否定する証言が行われたが、後日、検察等の捜査で、偽証であったことが明らかになった場合が典型例だ。

証人喚問で籠池氏が述べた100万円の寄附自体は、違法な寄附ではない。それがあろうとなかろうと「国政上重要な事項」ではない。その寄附の事実に関して、仮に、意図的な虚偽の証言があったとしても、国政調査権の目的が達せられないなどとは言えないので、偽証告発の対象になどならない。西村氏は議院証言法に基づく偽証罪での告発の対象として、「安倍晋三小学校と記載された払込用紙をどの程度の期間使って寄附を募っていたのか」という点などを挙げたが、国政調査で明らかにすべき重要事項ではなかった。

籠池氏の証言については、意図的な偽証を明らかにできる証拠が収集されるとは思えないし、そもそも偽証の起訴価値もないので、偽証告発などあり得ないと考えられた。

結局、昭恵氏からの100万円を受領したとの籠池発言が出た段階で、その挑発に乗る形で自民党側から「証人喚問」に打って出るという「危機対応」の誤りを演じて墓穴を掘ったことで、安倍官邸、自民党は、どんどん追い込まれていくことになった。

そこで、にわかに、「籠池封じ」の動きに加わったのが検察だった。その背後には、官邸、自民党の意向があった可能性がある。

異例の「告発受理」の報道

２０１７年3月29日の夕刻になって、大阪地検が籠池氏に対する補助金適正化法違反での告発を受理したことが報じられた。

ＮＨＫニュースは、次のように報じていた。「大阪の学校法人『森友学園』が小学校の建設をめぐって金額が異なる契約書を提出し、国から補助金を受けていた問題で、大阪地検特捜部は29日、籠池理事長に対する告発状を受理し、今後、補助金の受給が適正だったかどうか捜査を進める」

「補助金適正化法違反の告発受理」であるが、刑事訴訟法上、告発というのは、何人も行うことができる告発人の一方的なアクションである。告発が行われたからと言って、その事件が起訴されるか、ましてや、告発事実が真実なのか、犯罪に当たるのか全く不明なので、告発やその受理が、当局の側から積極的に公表されることはほとんどない。告発人が、自らのリスクで公表し、マスコミがそれを報じることがあるだけだ。この時の「籠池氏告発受理」の報道は、検察サイドの情報によって行われたとしか思えなかった。

マスコミ各社の報道の多くは、告発人が誰かということすら報じておらず、「告発状を受理し」と書かれているだけだった。3月28日に、森友学園は、問題となっていた国土交通省からの補助金全額を返還したとされており、通常であれば、起訴の可能性はほとんどなくなったので、告発状を引き取ってもらうことになるはずだ。それにもかかわらず、「告発受理」が報じられるというのは不可解だった。

補助金を全額返還したというのであれば、過去の事例を見ても、よほど多額の補助金不正受給でなければ、起訴されることはない。少なくとも、刑事実務の常識からは、今回の籠池氏の補助金適正化法違反の事実については、起訴の可能性はほとんどないと考えざるを得ない。そのような事件で、告発受理の話が、告発人側とは異なる方向から表に出て、大々的に報道されるというのは、全く不可解であり、何か、特別の意図が働いているように思えた。

また、もし大阪地検が、この事件を起訴する方向で積極的に捜査していく方針であれば、「告発受理」を公表することなどあり得ない。このような事件の場合、告発は「捜査着手の要件」でも、「起訴の要件」でもない。本気で捜査を行うのであれば「密行性」が重要であり、「告発受理」をマスコミに報道させるなどということはあり得ない。

この時の「告発受理の報道」について、マスコミ関係者を通じて、告発人に確認してもらったところ、前日の午前に、大阪地検から突然「告発を受理する」旨の連絡があり、その後、大阪の記者から「告発受理の連絡があったか」と確認してきたとのことだった。告発人の話では、その記者が「大阪地検告発受理」の情報を得たのは、東京の記者からだという。つまり、「告発受理」の情報源は、東京サイド（最高検ないし法務省）だと考えられた。

いずれにしても、大阪地検の現場の動きではなく、何らかの意図があって、東京側主導で、「籠池氏の告発受理」が大々的に報道されたことは間違いないように思えた。

自民党・官邸サイドの意向を受けて、籠池氏の問題に、検察が刑事事件の捜査で関わろうとしていることが疑われた。

そして、検察捜査の動きは、それから4カ月後に現実化することになった。

２０１７年6月18日に国会が閉会したことを受けて翌19日に行われた安倍首相の記者会見が終了した直後に、検察が強制捜査に着手、7月31日、籠池泰典氏夫妻は、大阪地検特捜部に、「詐欺」の容疑で逮捕された。

この「詐欺」の容疑は、3月下旬に大阪地検が告発を受理した「補助金適正化法違反」の事実と同じ、森友学園が受給していた国土交通省の「サステナブル建築物等先導事業」に対する補助金の不正受給だった。告発事実は「補助金適正化法違反」だったが、「詐欺罪」が適用されたものだった。

詐欺罪と補助金適正化法29条1項の「偽りその他不正の手段により補助金等の交付を受ける罪」（以下、「不正受交付罪」）は「一般法と特別法」の関係にあり、補助金適正化法が適用される事案について詐欺罪は適用されないというのが、それまでの検察実務の常識だった。

補助金不正は「詐欺」なのか

補助金適正化法（以下、「適化法」）は、昭和30（1955）年に制定されたものだが、国会審議でも、詐欺罪と同法29条1項違反の罪との関係についての質問に対して、政府委員の村上孝太郎・大蔵省主計局法規課長は、

偽わりの手段によって相手を欺罔《ぎもう》するということになると、刑法に規定してございます詐欺の要件と同じ要件を具備する場合があるかと存じます。しかしながら、この補助金に関して偽わりの手段によって相手を欺罔したという場合には、この29条が特別法になりまして、これが適用される結果になります。

と答弁していた。立法経緯からは、適化法違反が詐欺罪の特別規定で、同法違反が成立する場合には、詐欺罪は適用されないという趣旨であることは明らかだった。

同法制定後の検察の実務でも、国の補助金の不正受給の事案に対しては、詐欺罪は適用

せず、適化法違反で起訴するという実務が定着していた（一方、地方公共団体が交付する補助金には、「間接補助金」に該当しない限り適化法の適用はないので、詐欺罪が適用される）。

私も、検事時代、検察の現場で補助金不正受給の事件を相当数担当した。特に1990年代は、不況で民間建築をめぐる競争が激化し実勢単価が値下がりして、公共工事単価と同レベルに維持されていた補助金単価とは大きくかい離していた。そのため、社会福祉施設の建設に対する補助金で、実勢価格に基づく安い代金で契約する一方で、補助金単価で算定した代金に水増しした虚偽の契約書を作成して国に提出し、補助金を不正受給する事件が多発していた。不正受給額が数億円に上る事件が大半だった。社会福祉法人の経営者が不正受給した補助金を私物化していたケースもあった。

しかし、それでも、補助金の不正受給の事案に対しては、詐欺罪ではなく、適化法を適用するというのが当然との前提で捜査・処分を行っていた。国の補助金に関する事件であれば、詐欺罪を適用することはなかった。

籠池夫妻逮捕直後の8月2日朝日新聞デジタルの記事《籠池氏、告発より重い詐欺容疑特捜部「もろもろ検討」》では、「逮捕後の7月31日夜、取材に応じた大阪地検の山本真千子特捜部長は、両容疑者の行為について『詐欺、適化法違反の両方が該当するが、もろもろを検討し、詐欺容疑が適切と考えた』と述べた」とされており、特捜部長が籠池夫妻の行為について、詐欺、適化法違反の両方に該当するが、敢《あ》えて詐欺罪を適用したことを認めているようだった。

国の補助金の不正受給事案に対して詐欺罪と同程度に重く処罰すべきというのであれば、適化法違反の罰則の法定刑を引き上げるか、詐欺罪の適用を明文で認める立法が必要となるはずだ。検察が、従来の罰則の運用の前提となっている解釈を勝手に変えて、厳しく処罰することなど許されない。それが、法治国家における刑罰の運用である。

実際、同じように詐欺罪との関係が問題になる所得税、法人税等の逋脱《ほだつ》犯（脱税）については、もともと法定刑が「3年以下の懲役」だったのが、段階的に「5年以下の懲役」、そして詐欺罪と同じ「10年以下の懲役」に引き上げられている。

籠池氏の事件が、過去の国の補助金不正受給事案と比較して著しく悪質であり、適化法違反による処罰では軽すぎるというのであれば、検察として、何とかして重く処罰しようとすることも理解できないではない。しかし、森友学園の事件で不正受給が問題とされた国の補助金は総額でも約5640万円、正当な金額との差額の「不正受給額」は、そのうち3分の2程度と考えられるので4000万円にも達しておらず、しかも、全額返還済みだった。

籠池氏の事件は、むしろ、適化法違反としての処罰にすら値しない程度の事案であるとしか考えられなかった。そうであれば、むしろ、「適化法違反で、罰金刑ないし起訴猶予」というのが、本来行われるべき適正な処分だった。

それにもかかわらず検察は、籠池氏を詐欺罪で逮捕し、起訴した。そこには、森友学園問題で、安倍首相側と激しく対立することになった籠池氏に対して、できるだけ重い罪名を適用し、「犯罪者」と印象づける意図があったとしか思えなかった。

そして、その後、2017年9月に衆議院が解散され、総選挙に突入した。その選挙期間中の党首討論で、安倍首相は、「こういう詐欺を働く人物の作った学校で、妻が名誉校長を引き受けたことは、これはやっぱり問題があったと。やはり、こういう人だから騙《だま》されてしまったんだろう」と発言した。

安倍首相が、森友学園問題について、このような「説明」を行うことが可能だったのは、検察が籠池氏を、それまでの実務の常識に反して詐欺罪で逮捕・起訴したことによるものだった。

安倍首相の「私や妻が関係していたということになれば、総理大臣も国会議員も辞める」という国会答弁を発端として、問題が「森友学園と安倍首相夫妻との関係の有無・程度」に「単純化」されたために、財務省の過剰反応が、理財局長の国会での虚偽答弁や決裁文書改ざんなどに発展する一方、籠池氏側の反発に対する与党・官邸側の拙劣な危機対応のために、本来は全く不要だった籠池氏証人喚問という国会イベントを行うことにつながった。その後始末のために、検察が、与党・官邸側の意向を受けて「籠池詐欺事件捜査」に着手するという事態にもつながっていった。「単純化」による社会的混乱そのものと言えよう。

第二章 〝岩盤規制打破〟をめぐる「単純化」

愛媛県今治市での獣医学部新設をめぐり、加計学園トップの加計孝太郎理事長が７日、２度目の記者会見を開いた。加計学園の今治キャンパス＝2018年10月７日、愛媛県今治市

「総理のご意向」文書

加計学園問題は、安倍晋三氏と親密な関係にある加計学園グループの愛媛県今治市《いまばり》における岡山理科大学獣医学部新設計画をめぐり、国家戦略特区という第二次安倍政権の目玉政策において、国から不当な優遇が行われたのではないかが問題とされたものだった。

2017年3月13日、森友学園問題での追及が続く参議院予算委員会で社民党の福島瑞穂議員が、森友学園で安倍昭恵氏が講演を行ったことについて質問し、それに対して安倍首相が、「土地の売買価格が適切であったかどうか、その手順が適切であったかどうかということについては全く関係ない質問だと思う」などと反発した。それに対して、福島議員は「安倍昭恵さんと安倍総理の道義的、政治的責任は大きい」などと述べた後、「加計学園理事長加計孝太郎さんが今治市で岡山理科大学獣医学部をつくりたいと思っているのを知っていましたか」「2016年、7回食事やゴルフをしています。その前、2014年6月から2016年12月まで、2年半の中で13回食事などをしています」「総理、なぜ急転直下規制緩和を？」と質問した。

安倍首相は、「特定の人物や特定の学校の名前を出している以上、何か政治によってゆがめられたという確証が無ければ極めて失礼ですよ！」などと色をなして反発し、「安倍政権のみならず、政府あるいは行政の判断を侮辱するような判断は、侮辱するような言辞はやめていただきたい」と述べて福島議員の質問姿勢を批判した。

また、3月28日の参議院決算委員会における、立憲民主党の斎藤嘉隆《よしたか》議員の質問に対しても、「(国家戦略)特区の指定や規制改革項目の追加、事業者の選定のプロセスは関係法令に基づき適切に実施しており、圧力が働いたことは一切ない」と答弁した。

その後、加計学園問題も国会で時折取り上げられてはいたが、籠池氏の安倍氏からの100万円受領発言、証人喚問などで世の中の関心が森友学園問題の方に向いていたため、散発的なものにとどまっていた。

もう一つの疑念

2017年5月17日、朝日新聞が「これは総理のご意向」等と記された加計学園の獣医学部新設計画に関する文部科学省の文書の存在を報道したが、菅義偉内閣官房長官は、この報道について、「全く、怪文書みたいな文書じゃないか。出どころも明確になっていない」と述べてまともに取り合わなかった。

ところが、5月25日、前任の文科省事務次官だった前川喜平氏が、記者会見を開き、文科省内に「総理のご意向」文書が存在したことを認め、「行政がゆがめられた」と明言したことで、この問題をめぐる構図が大きく変わった。

その直近まで文科省事務次官という中央省庁の事務方のトップの地位にあった人間の発言や、その省内で作成された文書によって、「不当な優遇」を疑う具体的な根拠が示された。それによって、国会の内外で安倍首相や安倍内閣が厳しい追及を受ける事態に発展することになった。

その後も、文科省内部者からの匿名の告発・証言が相次ぐ中、菅官房長官は、6月8日の記者会見でも、「出所や、入手経路が明らかにされない文書については、その存否や内容などの確認の調査を行う必要はないと判断した」との答えを繰り返していたが、翌9日午前、松野博一文科大臣が記者会見を開き、それまで「文書の存在は確認できなかった」としていた文科省の調隠蔽査について、再調査を行う方針を明らかにした。

再調査の結果、同省内部者から存在が指摘されていた19文書のうち14文書の存在が確認された。

文書が確認できなかったとした当初調査の後、複数の同省職員から、同省幹部数人に対し、「文書は省内のパソコンにある」といった報告があったのに、こうした証言は公表されず、事実上放置されていた。「文書の存在が確認できなかった」とした当初の調査も、実質的に「隠蔽」であった疑いが濃厚になった。

当時の安倍内閣は、2017年3月21日に国会に提出された最大の対立法案の「組織的な犯罪の処罰及び犯罪収益の規制等に関する法律等の一部を改正する法律案（テロ等準備罪法案」）」を6月15日に成立させた際、参議院の委員会採決を省略して本会議で議決するという不当な「奇策」まで使ったことで野党との対立が深まっていた。

会期を延長せず国会を終了させたが、法案成立までの経過や、一連の問題に対する不誠実な対応が、安倍内閣への批判を高めた。都議選で自民党が歴史的惨敗を喫し、その後、安倍内閣の支持率は政権発足後最低の水準まで低下した。

そういう時期に、森友学園問題に続いて加計学園問題が、安倍首相個人に関わる重大な不祥事となっていった。

「総理のご意向」などと書かれた内部文書の存在が指摘され、前川氏が記者会見で「文書は確かに存在した」「文科省の行政がゆがめられた」と発言するという、安倍首相にとっても内閣にとっても深刻な事態に発展した。その後も、菅官房長官は内閣府側の文書・資料を全く示さず、「法令に基づき適切に対応した」と言って文科省の文書についての再調査を拒否し続けた。このことが、内閣への信頼失墜、支持率の低下にもつながっていった。

読売新聞による個人攻撃

前文科事務次官の前川氏が記者会見を開いて、加計学園問題を告発する発言をしようとした際には、官邸側の意向を受けたと思われる読売新聞記事で、前川氏の告発発言をつぶそうとする動きもあった。

前川氏の記者会見の3日前の2017年5月22日に、読売新聞が、《前川前次官　出会い系バー通い　文科省在職中、平日夜》と題し、前川氏が、新宿の「出会い系バー」に頻繁に出入りし、代金交渉までして売春の客となっていたかのように大々的に報じた。

一方、週刊文春は、会見当日の5月25日発売号で、前川氏の独占インタビューを掲載し、同氏が記者会見で発言する内容の詳細を事前に報じたのに続き、翌週の6月1日発売号で、《出会い系バー相手女性》と題する記事を掲載した。それによると、前川氏が出会い系バーや店外で頻繁に会っていた女性は、生活や就職の相談に乗ってもらっていたと述べ、「私は前川さんに救われた」と話しているとのことだった。

読売新聞の記事で書かれているのとは真反対に、前川氏は、出会い系バーに出入りする悩みを抱えた女性達の「足長おじさん」的な存在で、売春や援助交際などは全くなかった。この女性は、前川氏の出会い系バーへの出入りのことが批判されているテレビを見て「これは前川さん、かわいそうすぎるな」と思い、父親と相談した上で前川氏のことを話すことにしたと報じたものだった。

週刊FLASH6月13日号の記事でも、前川氏と「店外交際」した複数の女性を取材し、「お小遣いを渡されただけで、大人のおつき合いはなし」との証言が紹介されていた。読売記事が、前川氏の「売春、援助交際への関わり」を、読者に印象づけようとしたことに重大な問題があることが明らかになった。

同記事については、二つの可能性が考えられる。一つは、官邸サイドから前川氏が出会い系バーに出入りしていたとの情報を入手しただけで、何の取材も行わずに（「関係者証言」をでっち上げて）記事にした可能性である。そして、もう一つは、読売記事のとおり、関係者取材をして、前川氏と女性達の関係や売春、援助交際を目的とするものではなかったことを把握していたが、それでは前川氏が「不適切」「社会的批判を受ける」とする理由がなくなるので、前川氏が「交渉」「値段の交渉」を行っていたという曖昧な表現で（必ずしも「売春、援助交際の交渉」を意味するものではなく、「お小遣いの金額についての話」も「交渉」だと弁解する余地を残して）、売春や援助交際に関わっていたかのような「印象操作」を行った可能性である。

前者であれば、「関係者証言のねつ造」という、新聞として絶対に許されない重大な問題となる。後者であっても、前川氏が、売春、援助交際の相手方になっていた事実がないことは把握していながら、「交渉」「値段の交渉」という言葉で、その事実があるかのような露骨に誤った印象を与えたものであり、それも新聞報道として到底許されることではない。

2016年秋に、文科省次官在任中の前川氏が出会い系バーへの出入りに関して、杉田和博官房副長官から厳重注意を受けた事実があった。そのことからしても、何らかの形で、官邸サイドから読売新聞に情報提供が行われたことが契機となった可能性が高い。しかもこの記事には、社会部の通常の取材の結果に基づくものとは考えられない点が多々ある。政治的な意図によって記事が作成されたと考えられることからも、少なくとも、社会部と政治部の両方が関わって掲載された記事だと思える。

読売記事の内容や、それによって読者に与える事実認識が誤ったものであったことは、結果的に文春記事等によって明らかになったが、もともと、記事の内容には明らかに不可解な点があった。

記事に関わった記者、デスク等には、このような不可解な記事を紙面に載せることについて、新聞記者として相当大きな心理的抵抗があったはずである。しかも、読売新聞は、2014年の朝日新聞の不祥事などを踏まえて、特ダネの危うさを事前に検証する機関も作っているとのことであった。「交渉」「値段の交渉」などと暗に「売春の交渉」をしていたと思わせる文面上も問題がある今回の記事に対して、チェックが働かなかったということも考えにくい。担当者の取材不足や迂闊《うかつ》さ、チェック不足等の問題とは考えられない。内容に重大な問題があることを承知の上で、敢えて記事化され掲載された可能性が高い。

政権に打撃を与える発言をすることが予想される個人の人格非難のため、安倍政権を擁護する政治的目的で証言をでっち上げたか、事実に反する方向に印象操作を行ったか、いずれにしても、政治権力と報道・言論機関の関係についての最低限のモラルをも逸脱した到底許容できない行為である。しかも、そのような記事掲載は、上層部が関与して組織的に決定された疑いが強く、まさに、読売新聞社という組織の重大な不祥事であった。

森友学園問題での「単純化」による危機対応の失敗は、国会証人喚問の後始末のために、検察という権力機関が「籠池封じ」のための詐欺事件捜査に動くことになったが、加計学園問題での「単純化」の過程での官邸の拙劣な危機対応は、読売新聞というマスコミ権力が加担する事態にまで発展したのである。

追及・正当化、双方の「単純化」

加計学園問題について野党は、国会での追及を続けた。マスコミも、多くが「重大な問題」として真相解明の必要性を強調した。それに対して、安倍支持者、支援者側の論者は、

「全く問題がない」として、この問題を追及する野党やマスコミを批判した。両者の間の意見対立は、主張がほとんど嚙み合わなかった。

国家戦略特区の法的枠組みや規制緩和の在り方など、様々な問題を含む複雑な問題であったのに、追及する野党・マスコミ側も、追及自体を批判する安倍支持派側も、それぞれが問題を単純化し、両者の視点が完全にズレていた。

根本的な問題は、国家戦略特区に関するコンプライアンスだった。

国家戦略特区で特例として規制が緩和されれば、それまで行い得なかった事業が可能になり、事業を行う者は大きな利益を得る。それだけに、国家戦略特区及び事業の選定、事業者の選定が公平・公正に行われることが不可欠であり、有力な政治家の意向などによって選定が影響を受けることがあってはならない。

安倍首相がトップを務める内閣府所管の国家戦略特別区域法に基づき、過去50年以上にわたり認められてこなかった獣医学部の新設が、大学認可を所管する文科省の従来の方針を変更して実現された。その権限は安倍首相にあり、しかも安倍氏と加計学園理事長とが「腹心の友」だというのである。安倍氏の影響力が、国家戦略特区による規制緩和の対象事業や事業者の選定に及ばないよう、外形的にもそのような疑いを受けないようにすることが、国家戦略特区の運用に関するコンプライアンスとして極めて重要だった。

ところが、国家戦略特区の枠組みで加計学園の獣医学部新設が認められた手続きに、安倍首相と加計氏との関係が影響したことが、文科省の内部文書や前次官の前川氏の証言によって、赤裸々に明らかにされた。

それらの内容は以下のようなものだった。

【前川証言】

- 2016年9月頃、和泉洋人首相補佐官から、「総理は自分の口から言えないから、私が代わって言う」と言われた。
- 同年8月下旬頃、木曽功加計学園理事（元文科省官僚）から、「国家戦略特区制度で、今治に獣医学部を新設する話、早く進めてほしい。文科省は（国家戦略特区）諮問会議が決定したことに従えばいいから」と言われた。
- 2016年11月9日の諮問会議で「広域的に獣医学部の存在しない地域に限り」という条件が付され、11月18日のパブリックコメントの際に「平成30年度開設」という条件が付され、2017年1月4日に共同告示が制定された際に、「一校に限り」という条件が入り、結局加計学園だけが残ることになった。初めから加計学園に決まっていた、加計学園に決まるようにプロセスを進めてきたと見え、このプロセスは内閣府あるいは内閣官房の中で進んできた。

【文科省文書】

- 「これは総理のご意向だと聞いている」
- 「これは官邸の最高レベルが言っていること」
- 「閣内不一致を何とかしないと文科省が悪者になってしまう」

これらは、安倍首相の意向に従って、或いは忖度が働いて「最初から加計学園ありき」で国家戦略特区での獣医学部新設が進められたのではないかと疑うに十分な根拠だと言えた。とりわけ、文科省側の事務方のトップであった前川氏が、「初めから加計学園に決まっていた」と具体的な根拠を示して証言したことの意味は極めて大きかった。

安倍一強体制と言われるほど権力集中が進んでいる状況下で、安倍首相に不利な「間接事実」についての証言を、敢えて行う人間が出てくることは常識的には考えにくい。匿名であっても、そのような証言をすることには一定のリスクがある。通常は、安倍首相の指示・意向・忖度の「間接事実」に関する証拠が表に出てくることは考えにくい。ところが、加計学園問題に関しては、前川氏の証言と文科省の内部文書という重要な証拠が表に出てきた。

国家戦略特区は、特定の自治体・事業者に規制緩和による利益を享受《きょうじゅ》させることになるものであり、その選定のプロセスの公平・公正さには格別の厳格さが必要だった。ところが、所管する内閣府の長である総理大臣の「腹心の友」の加計氏が理事長を務める加計学園が、事業者としてその利益を得る結果になった。しかも、その過程で、「最初から加計学園ありき」で国家戦略特区での獣医学部新設が進められたことを窺《うかが》わせる、文科省の内部文書や当時の事務次官の証言まで出てきたのである。それ自体が、国家戦略特区の枠組みに重大な問題があることを示す事実であった。

野党の追及も、そのような疑いを生ぜしめた国家戦略特区のシステムの重大な問題に向けられるべきであった。

的はずれの〝追及〟

開発経済学の専門家である郭洋春《カクヤンチュン》立教大学教授は、国家戦略特区において規制緩和を提案する側と審査する側との「利益相反」が排除されていないという枠組み自体の問題を指摘している（『国家戦略特区の正体』集英社新書）。安倍首相という所管官庁のトップの影響力が排除できないことの「利益相反」の問題を、このような枠組み自体の問題に関連づけて議論すべきだった。

ところが、野党側の国会での追及は、「『腹心の友』の加計孝太郎氏が経営する加計学園に有利な取り計らいをするよう安倍首相が指示し、意向を示した事実があったか否か」に集中した。それは、ほとんど意味のないものだった。

安倍首相の関与の事実があったとしても、安倍首相がそれを認めることはあり得ないし、その指示・意向を直接受けた人間がいたとしても、それを肯定する可能性は低い。安倍首相の直接的な指示・意向のほかに、官邸や内閣府の関係者が、安倍首相の意向を「忖度」して、加計学園の獣医学部新設が認められるように取り計らったとしても、「忖度」というのは、される方（上位者）にはわからないものだし、行う本人も意識していない場合が多い。「忖度」があったかなかったかを、安倍首相にいくら質問しても、関係者をいくら追及しても、事実を明らかにすることは、もともと極めて困難だ。

安倍首相の指示・意向に関する間接事実としての文科省の内部文書や前川氏の発言に便乗して、安倍首相の指示・意向について、国会の場で直接問い詰めるのではなく、そのような疑いを生ぜしめた国家戦略特区の枠組み自体の問題を追及しなければならないのに、野党側からはそのような観点からの追及はほとんどなかった。

野党の国会での追及には、「安倍一強」と言われる安倍政権に一撃を加えようという「政治的な意図」だけが強く感じられ、それが、かえって国民に警戒心を生じさせた。そのような追及に対して国民の共感や支持が得られないのは当然だった。

一方、安倍首相は、獣医学部の新設には、自らは「関与していない」「指示していない」とした上で、「国家戦略特区の指定や規制改革項目の追加、事業者の選定のプロセスは関係法令に基づき適切に実施しており、圧力が働いたことは一切ない」との答弁を続けた。

「関係法令に基づき適切に実施」というのが、この問題に対する説明にも反論にもならないことは明らかだ。法令上、国家戦略特区法は、諮問会議の決定等の手続きを経て従来の行政の判断を変更することを可能にしているのであり、その手続きに則って行われている以上、法令上は問題がないのは当然だ。

しかし、そのような手続きであっても、「最初から加計学園ありき」で国家戦略特区での獣医学部新設が進められる可能性は否定できないのであり、実際に、そのような疑いについて、文科省の内部文書や当時の事務次官の証言まで出てきたのである。それに対して、「法令に基づいて適切に実施している」ということでは何の言い訳にもなるものではなかった。

「最初から加計学園ありき」で国家戦略特区での獣医学部新設が進められた疑いを生ぜしめた国家戦略特区のシステム自体に重大な問題があったのに、野党の追及は、加計学園に有利な取り計らいをするよう安倍首相が指示し、意向を示した事実があったか否かに単純化されてしまい、一方で、安倍首相・官邸側は、「法令に基づいて適切に実施している」という、全く弁解にすらならない主張を続けて、問題を単純化しようとした。

そのような攻撃・防御双方の、的はずれな「単純化」によって、この問題についての国会論戦は殆《ほとん》ど意味のないものに終始してしまった。

疑惑否定のための「挙証責任論」

前川氏の証言や文科省文書等によって、安倍首相と加計氏の関係が加計学園の獣医学部新設に影響したことが疑われ、苦しい状況に追い込まれた官邸、政府・自民党側など、疑惑を否定する側の「反撃材料」として出てきたのが、「岩盤規制」としての獣医学部新設規制と規制緩和に関する「挙証責任」論だった。

それは、「獣医学部の新設を『門前払い』する文科省の告示は、もともと不当なものであり、それを維持するのであれば文科省に『挙証責任』がある。『挙証責任』を果たさなかった文科省はその時点で『負け』、告示を改正して獣医学部の新設を認めるのが当然であり、その当然の結果として、加計学園の獣医学部新設が認められた」というものである。

国家戦略特区諮問会議の有識者議員（民間議員）及び同ワーキンググループ（WG）委員

は、2017年6月13日に記者会見を行い、「今治市に獣医学部の新設を認めた手続きにも経過にも全く問題はない」「一点の曇りもない」と断言した。

内閣府、国家戦略特区民間議員らも、「挙証責任」論を根拠として、国家戦略特区による加計学園の獣医学部新設は正当なもので、問題はないと主張した。

しかし、そもそも、この「挙証責任」論自体が、規制緩和をめぐる議論を「単純化」するための「乱暴な論理」であり、国家戦略特区という制度の運用において、そのような考え方を前提としていること自体に問題があった。

2017年7月10日の閉会中審査で、前川氏は、以下のように述べて、「挙証責任」論を真っ向から否定した。

「内閣府が勝った、文科省が負けた、だから国民に対してはこれをやるんだと説明する、これでは国民に対する説明にはならない。挙証責任の在りかということと、国民に対する説明責任とは全く別物で、国民に対する説明責任は政府一体として負わなければならない。挙証責任があって、その議論に負けたから文科省が説明するんだという議論にはならないはずだ」

首相官邸側、自民党側の主張は、「告示によって獣医学部の新設を一切認めないという岩盤規制を50年以上守り続けてきた文科省には、規制の正当性について『挙証責任』があり、それが果たせなかったので、告示が一部改められて獣医学部の新設が認められたのは当然だ」というものだ。

その根底には、「そもそも、経済活動は自由であることが原則であり、それを規制する官庁には、その合理性についての挙証責任がある」という考え方がある。2014年2月25日閣議決定の国家戦略特別区域基本方針における「新たな規制の特例措置の実現に向けた規制所管府省庁との調整は、諮問会議の実施する調査審議の中で、当該規制所管府省庁の長の出席を求めた上で実施する。その調整に当たり、規制所管府省庁がこれらの規制・制度改革が困難と判断する場合には、当該規制所管府省庁において正当な理由の説明を適切に行うこととし」との記載を、規制官庁には規制の合理性について「挙証責任」があるとの趣旨として理解するものだ。国家戦略特区諮問会議の民間議員らが記者会見で述べた主張がまさにそれである。

規制一般について、このような「挙証責任」論によるべきというのが、本当に国の方針と言えるのか、それが獣医学部の新設の問題にそのまま適用できるのか、疑問がある。

ところが、閉会中審査では、この点についての野党側の反論は全くなかった。

規制緩和一般についての「挙証責任」論が声高に主張され、国家戦略特区の規制緩和策を進めていくことが「岩盤規制の撤廃」として全面的に肯定されるかのような認識を生じさせた。安倍支持者側にとっては、加計学園の獣医学部新設は、「岩盤規制の撤廃」による当然の結果であり、疑惑など何もないという「単純化」につながり、疑惑を指摘する側とは議論が全く嚙み合わない状況となった。

規制緩和、判断基準の是非

そのような主張の背景にある「長期間続いている『岩盤規制』は、既得権益を守ろうとするだけのもので、それを擁護する側の規制官庁が、規制緩和を求める側が納得する『証明説明』を行わない限り、規制は撤廃されるべき」という「単純化」された考え方は、果たして正しいのだろうか。その点は、加計学園をめぐる疑惑に関してだけではなく、我が国の経済政策や行政における規制の在り方論にもつながる重要な問題である。

そもそも、「挙証責任」という言葉を、国家戦略特区の枠組みによる規制緩和の議論において持ち出すことが適切とは思えない。

「挙証責任」という言葉は、一般的に、我々弁護士が関わる訴訟の場で使われる言葉である。挙証責任を負う当事者側が、その責任を果たすことができなければ敗訴し、それによって不利益を受けるということである。

国家戦略特区に関して論じられている、規制緩和に関する「挙証責任」というのは、規制の合理性を主張する官庁側と、規制の撤廃を求める国家戦略特区諮問会議及びWGとの間の争いである。訴訟の場における挙証責任と決定的に違うのは、訴訟の場合は、挙証責任が果たされたか否かを「中立かつ独立の裁判所」が判断するのに対して、国家戦略特区の枠組みには、「挙証責任」が果たされたかについての「中立的な判断者」が存在しないということである。諮問会議やWGの議論を主導する「民間議員」は殆《ほとん》どが、規制官庁側に規制緩和を徹底して求める人達であり、そのようなメンバー構成の会議で、規制官庁側の説明に民間議員が納得しなければ規制緩和の結論が決まるというのは、訴訟の場での「挙証責任」とは構造が異なる。

「岩盤規制の撤廃」に関して持ち出される「挙証責任」論は、「岩盤規制は、既得権益を保護する『利権集団』と規制官庁が結託した『悪』そのものであり、当事者の規制官庁が、その正当化事由を説明できなければ当然に撤廃すべきもの」と主張することが目的で、「挙証責任」という言葉は、規制官庁側の「規制維持」論を抑え込むため「反論・説明のハードル」を上げる手段として使われているようだ。

確かに、これまで多くの分野で「規制緩和」が、経済社会に、そして消費者に、利益をもたらしてきたことは事実である。例えば、酒税徴収の確保を「表面上の理由」とする酒類販売の免許制は、長らく零細な酒類販売店の既得権益を保護してきたが、今では、その規制は大幅に緩和され、消費者に利益をもたらしている。一般医薬品のネット販売のように、行政訴訟に対する最高裁判決で「国の規制は違法」とされて規制緩和が行われ、消費者の利便が拡大した例もある。

実際に、このような「岩盤規制」の「緩和」「撤廃」が消費者に大きな利益をもたらしてきたことは確かであり、世の中には、この「岩盤規制=悪、規制を擁護する官庁=悪、弁解がなければ撤廃が当然」という主張はわかりやすく、支持されやすい。

しかし、問題は、規制の緩和・撤廃の方法如何では、逆に大きな社会的問題が発生する場合もあるということだ。

規制緩和が引き起こす問題

例えば、貸切バス業界は、最低運賃が法定されていて、免許制で参入も規制され、かつては運賃が高値に維持されていた、まさに「岩盤規制」に守られた「既得権益の世界」の典型だった。

しかし2000年に「免許制」が廃止され、運賃設定の大幅規制緩和の結果、小規模事業者の新規参入が増え、一気に過当競争の状態になった。運賃は下落の一途をたどり、貸切バス事業者の経営状態は悪化し、運転手の待遇が劣悪になっていった。それが、200

7年2月のあずみ野観光バスの大阪での事故、2012年4月の関越自動車道のバス事故、2016年1月に軽井沢でツアーバスが谷底に転落して多くの大学生らが死傷した事故などの重大事故が相次ぐことにつながった。

「岩盤規制」を撤廃して競争を機能させ消費者利益を図るという方向自体は間違っていないとしても、その規制を緩和し競争の機能を高めていこうとするのであれば、一方で、安全を確保するための、違法行為・危険な事業に対する監視監督が必要だ。ところが、国交省の所管部局にはそれを適切に行う力がなかった。「岩盤規制=悪、規制を擁護する官庁=悪、撤廃が当然」との考え方で行政当局の抵抗を押さえつけて規制の撤廃・緩和を強要するやり方には危険な面もある。

また、獣医学部の新設がまさにそうであるように、国家資格の取得を目的とする大学・大学院については、国家資格が取得できるだけの教育の水準を維持すること、そのための教員を確保することが特に重要となる。それに加え、社会における、国家資格取得者の需給関係を考慮することにも合理性がある。

法科大学院の設置が認められた2004年、全国で74校が認可申請し、ほとんどフリーパス同然に認可されて開設されたが、結果的には、既に40校が募集停止に追い込まれている。各法科大学院に膨大な額の無駄な助成金・補助金が投じられ、巨額の財政上の負担を生じさせたばかりでなく、司法の世界をめざして法科大学院に入学した多くの若者達が、「法曹資格のとれない法科大学院修了者」となり、就職先も十分にも恵まれないという悲惨な結果をもたらした。

そもそも、それまで法学部を設置していた大学に、法科大学院を上乗せして設置を認めたことが重大な誤りだった（アメリカには学部修了後のロースクールはあるが、法学部はない。韓国では法科大学院設置に伴って法学部を廃止した）。法曹資格取得のための法律の専門教育を行う人材がどれだけ確保できるかということを十分に検討せずに、フリーパスで法科大学院の設置を認めたために、教育の質が確保できなかったことが失敗を招いたのである。

教育の質の確保は、大学の設置認可において、規制撤廃が常に善だとする考え方に対する制約要因になることは否定し難い。

そして、もう一つ重要なことは、規制の撤廃は、その手法によっては、獣医学部の新設問題がまさにそうであるように、公正・中立が疑われる事態を招くということである。

規制を全体的に緩和するのではなく、一定の地域のみ、しかも、それに条件を付けて規制の例外を認めるやり方は、規制緩和の恩恵を社会全体にもたらすのではなく、特定の事業者だけに利益をもたらすことになりかねない。この点において国家戦略特区での規制緩和の枠組みには大きな問題があると言える。

加計学園問題の「もう一つの視点」

加計学園問題に関しては、規制緩和と行政の在り方という問題も重要だったが、野党側の国会質問でこのような議論が行われることは全くなかった。内閣府や諮問会議、WG民間議員の側の主張の背景にある「規制緩和万能論」に対する疑問を示す姿勢も全く見られなかった。

民進党は、加計学園問題の追及と併せて、国家戦略特区を廃止する法案を提出したようだが、それならば法案に関連し、規制緩和の進め方・岩盤規制の撤廃が新たな利権を生むことがない仕組みを作るなど、現在の国家戦略特区の制度を抜本的に改めることを国会で議論すべきだった。単に廃止法案を出すだけでは、安倍政権と国家戦略特区の関係を非難する目的で行っている非生産的議論とみなされるだけだった。

結局、この点の議論は、野党の国会質問で取り上げられることもなく、野党の追及は、安倍首相の関与・指示の有無の点に単純化された。国家戦略特区そのものの問題を含めて幅広い問題点を取り上げて追及すべきだったのに、実際には、安倍首相に対する個人攻撃ばかりの「政局的追及」に終始してしまった。

野党、マスコミと政府・首相官邸、与党サイドとの「不毛な対立」が続き、「二極化」

が進む中で、「Tomoaki Kitaguchi」という名で、《加計問題の真相？（フィクションとしてお楽しみください）》との注目すべき記事をフェイスブックに投稿したのが、当時18歳の現役灘高生だった。

それは、「加計ありき」の獣医学部新設の疑惑に関して、野党の国会での追及、マスコミ報道などが「安倍首相と加計孝太郎氏との『腹心の友』の関係」に偏り、そこに世の中の関心も集中している中で、国家戦略特区ワーキンググループ（以下「特区WG」）の動きに着目し、それを中心軸に関係者の動きをとらえる「視点」によるものだった。そして、安倍首相などの政権首脳と文科省の前川前次官らが、まるごと「何者かに手玉に取られている」のではないか、「真犯人」は特区WGではないかとの「推理」を行ったものだった。

そこには、かなりのリアリティがあった。

この「特区WG真犯人ストーリー」のリアリティの最大の根拠となるのが、特区WGの民間議員らが、今回の加計学園問題に関して、異常なまでに「主体的かつ積極的に」動いていたことだった。

2017年6月13日には、国家戦略特区諮問会議の有識者議員（民間議員）及びWG委員が記者会見を行い、「今治市に獣医学部の新設を認めた手続きにも経過にも全く問題はない」「一点の曇りもない」と断言した。そこで根拠とされた「2016年3月末までに文科省が挙証責任を果たせなかったので、勝負はそこで終わっている。延長戦で9月16日にワーキンググループをやったが、そこで議論して、もう『勝負あり』」とする「挙証責任」「議論終了」論を、特区民間議員の八田《はった》達夫氏やWGの原英史《えいじ》氏が、国会の参考人質疑でも滔滔《とうとう》と述べた。

その後も、特区WGの民間議員達は、「挙証責任」「議論終了」論によって、加計学園の獣医学部新設を認めたことを正当化する主張を続け、地方創生・規制改革担当の山本幸三大臣は、特区WGで獣医学部新設に関する議論が続いていた2016年11月に、大臣自らが日本獣医師会に乗り込んで、獣医学部新設を認めるように説得したり、国会答弁では「挙証責任」「議論終了」論をそのまま「受け売り」するなどしていた。その答弁は、安倍首相や松野博一文部科学大臣の答弁などからも遊離していた。

これらから見えてくるのは、加計学園問題をめぐって、野党・マスコミの追及に対抗する側が、安倍首相を中心とする内閣・政府の組織と、特区民間議員・WG委員の彼らに担がれた山本担当大臣に「二分化」される「異常な構図」だった。

真実に近い「推理」

Kitaguchiは、そこから、「特区WGが、主体的に『加計ありき』の獣医学部新設に向かって動き、それが問題とされるや、『挙証責任』『議論終了』論によって正当化する主張を積極的に行っている」という「特区WG真犯人ストーリー」を想定し、次のような「大胆な推理」を行うのである。

和泉洋人首相補佐官が、前川前文科次官に対して「総理が言えないから、私が言う」と言って、獣医学部新設を認める方向での文科省の対応を促したこと、萩生田光一官房副長官が、文科省の高等教育局長に「総理は『平成30年4月開学』とおしりを切っていた」という趣旨の発言をしたこと、そして、それらから、文科省側は「総理のご意向」を感じ取り、前川氏も総理の意向で文科省の行政がゆがめられたと考えたことなどは、ほぼ事実である。それらは、これまで、「『腹心の友』の加計氏の便宜を図ろうとする安倍首相の意向」に結び付けられてきたが、実は、安倍首相の「お友達」が経営する加計学園の獣医学部新設を俎上に載せれば、関係者に当然に「安倍首相の意向への忖度」が生じて、学部新設を早期に実現しようとすることを熟知していた特区WGの民間議員達が、それらを、丸ごと利用したのではないか。

Kitaguchiは、「安倍一強体制」の下で、首相本人の意向が明確に示されなくても、それを確認することなく「忖度」するのが当然の状況にあり、その構図をうまく利用すれば、「加計ありき」の獣医学部新設が「総理のご意向」によって進められているかのように認識させ、猛烈な勢いでその実現に向かって邁進《まいしん》させることも可能だったのではないかと考えたのである。選挙で選ばれたわけでもない特区WGの民間議員達は、「忖度」の構図を巧みに操って、「獣医学部新設」で岩盤規制を打破するという彼らの目標を実現したのではないかと「推理」するのである。

この推理の下では、関係者の証言の多くが、矛盾なく整合していく。安倍首相は、加計氏から今治市での獣医学部新設について何の依頼も受けておらず、その認識すらなかったとの「弁解」が仮に真実であったとしても、「文科省の行政がゆがめられた」との前川氏の主張と相反することもない。特区WGの仕掛けによって、官邸・内閣府側と文科省側という対立する両者が、いずれも「安倍首相の意向」のように信じ込んだということで、事実として両立する。

このようなKitaguchiの「ストーリー」には、特区WGが、内閣府側の「総理のご意向」忖度をどこまで意図的に利用しようとしたかはともかく、獣医学部新設をめぐる力学の分析としては、リアリティがあり、それが真実に近かった可能性は十分にある。

仮にストーリー通りであったとしても、安倍首相と「腹心の友」の加計氏との関係に忖度して「加計学園ありき」で国家戦略特区での加計学園の獣医学部の新設を認める決定を行ったとすれば、行政をゆがめる不当なものであったことに変わりはなく、特に、京都産業大学が応募を断念せざるを得なくなった「平成30年4月開学」の条件設定の合理的な理由の説明は困難だ。

「安倍一強体制」の下で、官邸・内閣府等において、安倍首相本人の意向を確認することもなく、それを「忖度」するのが当然のような雰囲気が作られていたことに、そもそもの問題があったことに変わりはないのである。

安倍首相にとって不可欠だったのが、加計学園に関して問題を追及された際に「国家戦略特区に関する権限を有する総理大臣と、加計学園理事長とが『腹心の友』であることの『利益相反』の問題」と「諮問会議の民間議員とWGのメンバーに国家戦略特区の事業者選定の『判断』を行わせることの公正・中立性に関する問題」を認識することだった。そして、それらについて反省すべき点は反省し、改善を検討する旨に言及していれば、加計問題が大きな問題になることはなかったはずだ。

しかし、そのような認識を欠いたまま、当初の野党の質問に対して、「法令に則って行われており全く問題ない」と言い切った。それが、その後、「総理のご意向」などと書かれた内部文書の存在が指摘され、前川氏が記者会見で「文書は確かに存在した」「文科省の行政がゆがめられた」と発言するという事態につながった。

そこに、もう一つ、「岩盤規制」打破に並々ならぬ意欲を持つ、規制改革急進派の特区WGという独自の存在があり、「加計ありき」ではなく、「獣医学部新設ありき」で動いていたとすれば、加計学園問題は、単に総理大臣が「腹心の友」に有利な指示・意向を示したか否か、という個別の問題だけではなく、その背景となった、規制緩和と行政の対応の問題、国家戦略特区をめぐるコンプライアンスに関する議論などの重要な論点が絡み合った一層複雑な問題だったことになる。ところが、国会では、そのような点に関連づけた議論は全く行われなかった。

このような国会での議論状況から、安倍政権に対しては不信感が高まり支持が急速に低下するが、それが野党の支持につながるわけではなく、野党が政権の受け皿になり得ないと国民が認識していることは明らかだった。その結果、２０１７年７月の世論調査では、「支持政党なし」が5割近くに上るという異常な状況になった。

第三章　森友・加計、それぞれの「第二幕」

書き換え前

畿財務局から豊中市に「森友学園と本財産の契約を締結することを証する」旨の文書を提出してもらいたいとの要望あり。

なお、打合せの際、「本年4月25日、安倍昭恵総理夫人を現地に案内し、夫人からは『いい土地ですから、前に進めてください。』とのお言葉をいただいた。」との発言あり（森友学園籠池理事長と夫人が現地の前で並んで写っている写真を提示）。

近畿財務局から森友学園に対し、①当局の審査を延長すること、②豊中市に対して、開発行為等に係る手続のみを可能とする「承諾書」を当局から提出すること、③売払いを前提とした貸付けについては協力させていただく旨を回答。

財務省が公表した改ざん前の決裁文書の一部。森友学園側から安倍晋三首相の妻、昭恵氏と一緒の写真を示されたという記述も削られた

森友学園、加計学園問題は、2017年2月から3月にかけて相次いで表面化し、その後6月までの通常国会や7月の閉会中審査での与野党の激しい攻防の材料となったが、同年9月28日の臨時国会冒頭で衆議院が解散されたことで、それらの追及も棚上げされることになった。

その時の衆議院選挙は、野党第一党の民進党が分裂、小池百合子・東京都知事が率いる「希望の党」騒ぎなどもあって、野党が自滅し、自民党が圧勝する結果となった。

しかし、森友・加計学園問題は、それでは終わらなかった。

翌2018年春に、相次いで「第二幕」が始まることになった。

「決裁文書改ざん」問題の発覚

2018年3月2日、朝日新聞が朝刊1面トップで《森友文書　書き換えの疑い》と報じた。学校法人「森友学園」との国有地取引の際、財務省近畿財務局の管財部が作成した決裁文書について、「契約当時の文書」と、「国有地売却問題の発覚後に国会議員らに開示した文書」の内容が違っていた。

3月12日、財務省は「14件の決裁文書の改ざん」を認めた。改ざんが行われた時期は、売却価格の疑惑が発覚した後の2017年2月下旬から4月にかけてであった。「特例的な内容となる」「本件の特殊性」「学園の提案に応じて鑑定評価を行い」「価格提示を行う」など、森友学園に対する「特例的な扱い」を示す言葉のほか、「安倍昭恵夫人」、籠池氏と「日本会議」「日本会議大阪」の関係などの記載が削除された「決裁文書の写し」が作成され、それが真正な決裁文書の写しであるように装って国会議員に開示されていた。まさに、国会での審議或いは国政調査権の行使等に関して重要な事実を隠蔽したということであり、行政権の行使について内閣が国会に対して責任を負う議院内閣制の根幹を揺るがしかねない、許すべからざる行為だった。

さらに、佐川宣寿理財局長が、国会で、森友学園の交渉記録を「2016年の取引の終了後に廃棄した」と答弁し、財務省も2017年2月17日に、その旨発表して国会に提出していなかったが、実際には発表時点まで存在していたこと、それらの記録は「廃棄した」と発表した後、2月下旬に廃棄されていたことも明らかになった。

国有地売却に関する財務省の決裁文書が改ざんされた事実が報じられたことで、森友学園問題が再び大問題となり、財務省が厳しい批判を浴びていた最中の2018年3月7日、改ざんを命じられ実行した近畿財務局職員の赤木俊夫氏が、自ら命を絶つという、誠に痛ましい出来事が発生した。

それ以降、森友学園問題については、「決裁文書改ざん」について、（a）誰が命じたのか、（b）何のために改ざんが行われたのか、（c）改ざんがどのような犯罪に当たり、どのような処罰が行われるのか、が関心事となっていった。

（a）については、決裁文書を改ざんするなどという重大な不正行為が末端の判断だけで行われることは考えにくく、当然、相当程度上位者の判断で行われたものと考えられた。それが、国会で答弁に立った佐川氏なのか、そのさらに上位者の事務次官や、財務大臣も関わっているのか、ということが問題になる。そして、（b）の改ざんの動機については、もともと問題の核心であった「国有地が不当に安く売却された事実があったか否か」、それが安倍首相夫妻に関係しているのか、などが問題となる。

（a）（b）については、森友学園問題が表面化し、安倍首相が「私や妻が関係していたということになれば、総理大臣も国会議員も辞める」と答弁した時点で財務省側の対応の中心になった佐川理財局長が、最重要人物だった。佐川氏の国会での喚問を求める声が高まるのは当然だった。しかし、その点について佐川氏に証言させることについては、（c）の刑事処罰の可能性が立ちはだかることになる。

なぜ〝改ざん〟は不起訴だったのか

2018年3月27日、森友学園に対する国有地売却の決裁文書改ざん問題に関して、当時の理財局長の佐川氏の証人喚問が衆参両院で行われたが、佐川氏は決裁文書の改ざんに関連する殆どの質問に対して、「刑事訴追のおそれ」を理由に証言を拒絶した。その一方で、財務省・安倍首相・昭恵氏・首相官邸等の関与については、「国会からの資料要求に対しては、理財局の国有財産部局における個別案件なので理財局の中だけで対応をした。財務省の官房部局、総理官邸は関わっていない。国有地の貸付・売却について、安倍首相、首相夫人からも官邸からも指示はないし、影響も受けていない」という趣旨の証言をした。

参議院では、質問者の自民党・丸川珠代《たまよ》議員が、「安倍総理あるいは総理夫人から森友学園との国有地の貸し付け、売り払いについて何らかの指示がありましたか」と質問したのに対して、佐川氏は「当時、私、理財局にはおりません」と答えた後に、「昨年の国会答弁を通じ」、「公的取得要望から始まって貸付契約、売払契約の経緯について勉強し」、「局内でもいろいろ聞いて」、「その過去のものを見て」、「その中では一切、総理や総理夫人の影響というのがあったということは、まったく考えておりません」と、「影響の有無」について、敢《あ》えて付け加えた。

佐川氏の国会での証言拒否の理由とされた（c）の決裁文書改ざんの刑事処罰については、市民団体の刑事告発が行われていたが、同年5月31日、すべて不起訴処分となった。検察審査会への審査申立の結果、一部について「不起訴不当」の議決はあったが、２０１

9年8月9日に、すべて不起訴で終結した。

この不起訴処分に対して、野党やマスコミから厳しい批判が行われた。国有地売却という国民の重大な利害に関わる行政行為についての決裁文書が300か所以上にもわたって改ざんされていたにもかかわらず、刑事責任が問えないという結論に国民の多くが納得できなかったのは当然であろう。

国会での審議あるいは国政調査権の行使等に関して重要な事実を隠蔽したことは、行政権の行使について内閣が国会に対して責任を負う議院内閣制・議会制民主主義の根幹を揺るがしかねない許すべからざる行為であることは間違いない。

しかし、検察の実務、そして、過去の事例との比較から、不起訴処分は十分に予想可能だった。この「決裁文書書き換え」は、一部の表現や交渉経緯等が削除されたに過ぎず、国有地の売却処分の可否についての決裁文書としての基本的な内容が変更されたわけではなかった。決裁文書の内容に実質的な変更はないとの理由で、虚偽公文書作成罪については不起訴となる可能性が高いことを、私は問題発覚当初から指摘していた。

実際に官公庁で作成される文書については、「書きぶり」という言葉もあるように、厳密に言えば事実と異なる部分がある表現というのも、行政目的達成のためには一定程度は許容されるという考え方があった。

「虚偽の公文書」という文言を、「少しでも事実と異なる記載がある文書はすべて虚偽の文書に当たる」とすると、公務員が作成した文書の多くについて虚偽公文書作成罪が成立することになりかねない。「虚偽の公文書」については、「その文書作成の目的に照らして、本質的な部分、重要な部分について虚偽が記載された場合に限られる」という限定を加えてきたのが、自身も「行政機関」である検察の刑事実務だった。

そのような消極論は、「虚偽の文書」という刑法の文言解釈から当然出てくるものではなく、理論上の根拠があるわけでもないし、判例上明確になっているわけでもない。そういう意味では、虚偽公文書作成罪の成否は、事実上検察官の判断にかかっていると言ってよい。検察が、虚偽公文書に該当すると判断して起訴すれば、裁判所が「文書の基本的な内容に変更はない」として無罪判決を出すことは考えにくい。

財務省の決裁文書改ざんは世の中から厳しい批判を受けていた。それが、虚偽公文書作成罪で処罰されないのはおかしい、納得できない、という世の中の常識や圧倒的な世論を受けて、もし検察が虚偽公文書作成で起訴した場合、検察の判断を否定することは考えにくく、裁判所が有罪判決を出す可能性が高いと考えられた。しかし、それでも、私は、検察が虚偽公文書作成罪で起訴することはないとほぼ確信していた。

それは、その約6年前に、検察が、陸山会事件での虚偽捜査報告書作成という自らの

「虚偽公文書作成罪」の事件に関して行ってきた判断との関係だった。

陸山会事件での虚偽の報告書作成

陸山会事件とは、小沢一郎衆議院議員の資金管理団体「陸山会」が、東京・世田谷の土地取得をめぐり、虚偽の収支を政治資金収支報告書に記入したとされた事件だ。

東京地検特捜部の小沢氏に対する捜査の過程で、元秘書の石川知裕《ともひろ》氏（当時衆議院議員）の取調べ内容に関して、検察審査会に提出した捜査報告書に、事実に反する記載が行われていた。この問題で、2012年6月27日、最高検察庁は、虚偽有印公文書作成罪で告発されていたT検事（当時）、当時の特捜部長など全員を、「不起訴」とした。

この事件は、東京地検特捜部が、虚偽の捜査報告書を検察審査会に提出し、検察審査会を騙してまで小沢氏を「起訴すべき」との議決に誘導した「前代未聞の事件」だった。検察審査会に「強制起訴」された小沢氏に対して、東京地裁が2012年4月26日に無罪判決を言い渡したが、その中でも、「検察官が、公判において証人となる可能性の高い重要な人物に対し、任意性に疑いのある方法で取り調べて供述調書を作成し、その取調状況について事実に反する内容の捜査報告書を作成した上で、これらを検察審査会に送付するなどということは、あってはならないことである」「本件の審理経過等に照らせば、本件においては、事実に反する内容の捜査報告書が作成された理由、経緯等の詳細や原因の究明等については、検察庁等において、十分、調査等の上で、対応がなされることが相当であるというべきである」と、検察を厳しく批判した。

この東京地裁判決の批判を受けて、最高検による調査が行われ、その調査結果とT検事らの不起訴の理由についての最高検報告書が取りまとめられた。

最高検の報告書で、T検事を虚偽公文書作成罪で「不起訴」とした理由とされたのは、①T検事が作成した捜査報告書は、取調べにおける石川氏の供述と実質的に相反しない内容となっている、②実際にはなかったやり取りが捜査報告書に記載されている点については、その記載内容と同様のやり取りがあったものと思い違いをしていた可能性を否定することができない、という点だった。

しかし、T検事が作成した捜査報告書に書かれている取調べの状況は、石川氏が密かに録音した実際の取調べでのやり取りとは、全く異なったものだった。

捜査報告書に記載された状況は、「石川氏は、従前の供述調書の内容について一貫して全面的に認める一方で、小沢氏の供述を否定することを気にして供述調書への署名を渋っていた。そこで、T検事が、石川氏に供述調書作成に至る経緯を思い出させたところ、T検事に言われたことを自ら思いだし、納得して小沢氏への報告・了承を認める供述調書に署名した」というものだ。T検事は小沢氏の供述との関係ばかりを気にする石川氏に、従前と同様の供述調書に署名するよう淡々と説得しているだけで、全く問題のない「理想的な取調べ状況」が描かれていた。

もし、取調べの経過がこの通りだったとすれば、誰しも、それ以前に作成されていた、石川氏が小沢氏との共謀を認めた供述調書は信用できると判断するであろう。実際にそのような捜査報告書の提出を受けた検察審査会は、「小沢氏との共謀に関する石川氏の供述が信用できる」として小沢氏の「起訴相当」を議決した。

ところが、録音記録によると、T検事は石川氏に、「従前の供述を覆すと、検察審査員も石川氏が小沢氏から指示されて供述を覆したものと考え、起訴議決に至る可能性がある」などと言って、従前の供述を維持するように繰り返し説得し、「検察が石川議員を再逮捕しようと組織として本気になったときに全くできない話かっていうとそうでもない」などと恫喝まがいのことを言っていた。石川氏が、取調べの中で、「捜査段階で作成された『小沢氏への報告・了承に関する供述調書』の記載は事実と異なる」として、それを訂正するよう求めているのに、そのような石川氏の要求を諦めさせ、従前の供述を維持させようとしていた。

最高検の報告書でも、そのようなT検事の発言は「不適正な取調べ」として指摘している。

T検事は、検察も「不適正」と認めざるを得ないあらゆる手段を弄《ろう》して、何とか石川氏に従前の供述を維持させようとし、そのような「不適正な取調べ」によって、ようやく供述調書に署名させたというのが真実の「取調べ状況」だった。

T検事の捜査報告書と取調べの録音記録とを読み比べてみれば、誰がどう考えても、捜査報告書に記載されている取調べ状況が、実際の取調べ状況と「実質的に相反し」、捜査報告書が「虚偽の公文書」であることは明らかだ。

検察最悪の組織犯罪

ところが、最高検はT報告書の中から、録音記録中の同趣旨の発言と無理やりこじつけられなくもないような箇所だけを抽出し、「記憶の混同」で説明できない箇所は見事に除外して、両者が「実質的に相反しない」と強弁した。

全く事実に反する捜査報告書を作成して、検察審査会に提出し、その判断を誤らせる行為が「犯罪」であることは、否定する余地はないところであろう。ところが、検察は東京地検特捜部が組織的に行った「誰がどう考えても虚偽公文書作成としか考えられない行為」について、告発されていた特捜部長以下を全員「不起訴」にした。

その理由として、「捜査報告書の内容は、実際の供述と実質的に相反しない」と言ってのけたのである。

陸山会事件での虚偽捜査報告書作成事件は、「検察の歴史上最悪の組織犯罪」と言うべき事件である。しかし、検察は、その後、当時の特捜部長など本来責任を問われるべき関係者らを相応に人事上処遇するなどして、組織的に許容した。

陸山会事件での捜査報告書が、実際の供述と「実質的に相反しない」と強弁した検察の論理を当てはめれば、今回の森友学園への国有地売却の決裁文書改ざんについても、改ざん前の文書と改ざん後の文書とが「実質的に異ならない」ということにならざるを得ない。

虚偽公文書作成罪における「虚偽の文書」の範囲は曖昧であり、結局のところ、検察の判断によるところが大きい。検察が、自らの組織的犯行が疑われた虚偽捜査報告書作成事件と財務省の決裁文書改ざん事件とで、虚偽公文書作成罪の成立範囲について、明らかに異なった判断を行った場合、そのような検察の判断の是非が公判で厳しく争われることは必至だ。

陸山会事件での虚偽捜査報告書の作成が、「東京地検特捜部が組織的に、虚偽の捜査報告書を作成して検察審査会を騙したことが疑われた事件」であったのに対して、森友学園に関する決裁文書の問題は、「財務省が、組織的に決裁文書を改ざんして、国会を騙そうとしていたことが疑われる事件」であった。両者は、「組織の内部文書によって外部の組織を騙そうとしたことが疑われる事件」である点で共通していた。

財務省の決裁文書改ざん事件についての不起訴が、一般人の常識に反する不起訴であるとしても、陸山会事件での「虚偽公文書作成罪」についての判断を前提にすれば、検察が起訴する可能性は、もともと極めて低かったのである。

2018年6月4日、財務省は「森友学園案件に係る決裁文書の改ざん等に関する調査報告書」を公表した。注目されたのが、決裁文書の改ざんに佐川理財局長がどう関わっているのか、という点だった。

その点に関しては、報告書では、以下のように記載されている。

国有財産審理室長から総務課長に対し、(決裁文書に)政治家関係者からの紹介状況に関する記載がある旨の問題提起があり、(中略)理財局長(佐川氏)は、当該文書の位置づけ等を十分に把握しないまま、そうした記載のある文書を外に出すべきではなく、最低限の記載とすべきであると反応した。

政治家や安倍昭恵氏との関係について、佐川氏が部下から報告を受けたときの話だが、「反応した」という何とも曖昧な表現が使われており、具体的にどのような言動があったのかは明確に書かれていない。

佐川氏は、「最低限の記載とすべき」という原則論を言っただけで、具体的に改ざんについて言及していないと弁解したのであろう。そのような「最低限の記載とすべき」という「理財局長の反応」が、総務課長から国有財産審理室長、近畿財務局と下りていくなかで「そのような記載はそのまま放置することはできない」という趣旨に忖度され、「改ざんしろ」という具体的指示に変わっていったという趣旨であろう。

「原則論」を示して、部下に忖度させることで改ざんを実行させたとすれば、一番卑怯なやり方だ。

調査報告書には、誰が何をどうしたのか、核心部分の事実関係は明確には書かれていない。財務省は、そのような曖昧で不明確な報告書で、「決裁文書改ざん」という前代未聞の組織的不祥事への批判をかわそうとしたのである。

民事訴訟の提起と国の認諾

財務省決裁文書の改ざん問題で、財務省理財局や上司の指示で決裁文書を改ざんした後、うつ病を発症して休職し、2018年3月に自殺した元財務省近畿財務局職員・赤木俊夫氏の妻雅子氏は、2020年3月、国と佐川宣寿・元財務省理財局長に対し、合計約1億1250万円の損害賠償を求めて大阪地裁に提訴した。雅子氏は、訴訟提起の理由について「夫がなぜ死ななければならなかったのか、真相が知りたい」と述べた。

被告の国側は当初請求棄却を求めて争っていたが、2021年12月15日、原告の損害賠償請求を「認諾《にんだく》」したため、国に対する訴訟は終結した。「認諾」は、被告が原告の請求を認め訴訟を終結させる訴訟行為である。被告が請求を認めれば民事訴訟はその時点で終了する。

2022年11月25日、大阪地裁は、佐川氏が改ざんの方向性を決定づけたと認定した上で、国家賠償法の規定に基づき公務員個人は賠償責任を負わない、として佐川氏に対する妻側の請求を棄却した。

民事裁判は真相究明の場所ではない。民事裁判は原告の請求の法律的当否のみを判断するもの、という原則論からすれば、そもそもこの訴訟提起自体がおかしいということになる。しかし、決裁文書改ざんという公務員として許されない行為を強いられて自殺した夫の死の真相が知りたいという遺族の心情は、多くの人の胸に刺さるものとなり、納税者の負担によって一方的に訴訟を終わらせ、真相究明に蓋をしようとした国の姿勢に批判が集まるのも、ある意味では自然な流れであった。

この訴訟の提起と結末は、森友学園問題での財務省の対応への国民の不信感を一層高めることになった。そして、そのような財務省の姿勢に何らかの形で当時の政治家側も関わっている、という疑いが解消されていないような印象を与えることになった。

「愛媛県文書」の公開

加計学園問題の「第二幕」は、2018年4月10日、愛媛県の中村時広《ときひろ》知事の記者会見から始まった。

加計学園の獣医学部新設に関して、2015年4月2日に県と今治市の担当者、学園幹部が首相官邸を訪れ、面談した柳瀬唯夫首相秘書官（当時）、藤原豊・内閣府地方創生推進室次長（当時）とのやり取りを記録したメモが存在すること、この面談記録には、柳瀬秘書官が「本件は、首相案件」と発言したとの記載、2015年4月以前に安倍総理と学園理事長（加計孝太郎氏）とが会食をした際、加計学園の獣医学部新設のことが話題になったことが疑われる面談の際のやり取りの記載があること、などが明らかにされた。

安倍首相は2017年7月、衆議院予算委員会の閉会中審査で、加計学園の国家戦略特区への申請を知った時期について質問され、「（2017年）1月20日に申請が正式決定した時点」と明言していた。安倍首相が２０１５年８月以前に加計学園の特区申請を知っていたとすると、「安倍首相による加計学園への便宜供与」の疑いが生じるため、敢えて「２０１７年1月20日に初めて知った」と説明した疑いがあった。

閉会中審査で参考人招致され、「記憶している限りでは、お会いしたことはございません」と答弁していた柳瀬氏は、愛媛県職員の面談記録が表面化したことを受け、２０１８年4月10日に、それまでの国会答弁と同趣旨のコメントを出した。

翌4月11日の衆議院予算委員会での集中審議で、相反する愛媛県面談記録と柳瀬氏の答弁について質問された安倍首相は、「愛媛県で作成した文書について、私はコメントは差し控えたい。私は元上司として柳瀬元秘書官の発言を信頼している」と答弁した。

しかし中村知事が、県職員が東京に出張して総理官邸で柳瀬秘書官と面談した際の報告用の文書として作成したものであることを認めている面談記録は、柳瀬氏のコメントと比較すれば、圧倒的に信用性が高いことは明らかだった。

愛媛県職員が、実際のやり取りとは異なったことを意図的に文書に書く動機も、ヒアリングで虚偽の供述を行う動機も考えられない。しかも、県職員にとって、首相官邸で総理秘書官や内閣府幹部に会うなどということは「一生に一度あるかないかの出来事」であり、その時のことは強く印象に残り、そこでのやり取りも忘れることはないはずだ。また、面談記録の中には、「新潟市の国家戦略特区の獣医学部の現状は、トーンが少し下がってきており、具体性に欠けていると感じている」などと、愛媛県・今治市側の知り得ない事情も含まれており、柳瀬氏か藤原氏から聞いたことを書いたとしか考えられない。

一方、面談の事実を否定している柳瀬氏は、「自分の記憶の限りでは」との限定を付けており、要するに「記憶がない」と言っているに過ぎなかった。

「首相官邸の対応」をめぐる疑惑

2018年5月10日の衆参両院予算委員会で柳瀬元首相秘書官の参考人質疑が行われ、5月14日の衆参両院の予算委員会集中審議では、柳瀬氏の参考人質疑の結果に関連して、安倍首相に対する質疑も行われた。それらの質疑で、柳瀬氏と安倍首相の答弁が一致したのが、「柳瀬氏は、加計学園関係者と3回も首相官邸で面談したのに、首相に報告しなかった」という点だった。しかし、それは、首相と首相秘書官との一般的な関係から、常識的にあり得ない話だった。

柳瀬氏は、2017年7月の閉会中審査では「加計学園関係者との官邸での面談の事実」を自分から明らかにしようとせず、その後も、「記憶している限り会った事実はない」と面談の事実自体を否定し続けた。しかも、愛媛県文書が公開された後、加計学園関係者との面談は認めたものの、愛媛県・今治市職員との面談については「記憶がない」と言い続けた。

極めて信ぴょう性が高い愛媛県文書の記載によれば、柳瀬氏が愛媛県職員らに「自治体がやらされモードではなく、死ぬほど実現したいという意識を持つことが最低条件」などと、国家戦略特区による獣医学部新設に向けて懇切丁寧に指導をしていることは明らかで、柳瀬氏の答弁が真実を語っているとは到底考えられなかった。

こうして、加計学園問題に関して、愛媛県文書が公開され、「安倍首相の関与」を否定し続けてきた首相官邸側の説明の不合理性が露わになり、首相官邸の対応自体についても疑問が生じた。ここで、にわかに表舞台に登場したのが、首相秘書官の今井尚哉《たかや》氏だった。今井氏は、第二次安倍政権で内閣総理大臣秘書官、補佐官を務め、内政から外交にまで暗躍した影響力から「影の総理」とまで言われていた。

柳瀬氏は参考人質疑で、「2015年4月に官邸で加計学園関係者と面会していた記憶はあったが、愛媛県、今治市側とは会った記憶はなかった、そのことを、昨年7月の衆参両院での閉会中審査の前に今井尚哉首相秘書官にも伝えていた」と答弁し、一方、安倍首相は、「柳瀬秘書官と加計学園関係者とが首相官邸で面談していたことは、柳瀬秘書官から聞いた今井秘書官から、ゴールデンウイーク中に『柳瀬元秘書官が国会に呼ばれれば学園関係者と面会したことを認める』との報道が流れた際に、報告を受けて知った」とした。

2017年7月の閉会中審査では、和泉洋人首相補佐官、前川喜平・前文部科学事務次官に加え、藤原豊・前内閣府地方創生推進事務局審議官、八田達夫・国家戦略特区民間議員・ワーキンググループ座長などが参考人招致されていた。そこで求められていた「丁寧な説明」というのは、加計学園の獣医学部新設が認められた経緯と、そこに首相のみならず、首相官邸や秘書官、補佐官等の首相の側近がどのように関わったかについて真相を明らかにした上で、安倍首相が真相を「説明」することだったはずだ。

柳瀬秘書官が首相官邸で加計学園関係者と面談したということであれば、それが如何なる理由によるものであれ、加計学園の獣医学部新設に至る経緯の中で極めて重要な事実だ。それを首相に知らせていなかったとすると、安倍首相は「森友・加計問題隠し解散」などとも言われた総選挙中での「説明」も、上記のような重要な事実の認識を欠いたまま行っていたことになる。それは、加計学園問題に対する安倍首相の国会や国民への「説明」全体に重大な疑念を生じさせていた。

“すべての黒幕”のインタビュー

2018年5月の柳瀬氏の参考人質疑で、それまでの説明を維持することが困難になっていたのとちょうど同じタイミングで、文藝春秋２０１８年6月号に、今井氏が森友・加計学園問題の「すべての黒幕」であった疑いを指摘する、ジャーナリスト森功《いさお》氏の《「総理の分身」豪腕秘書官の疑惑》という記事が掲載された。同記事では、それまでメディアのインタビューには一切応じていなかった今井氏が、自発的にインタビューに応じている。柳瀬氏の参考人招致によって、加計学園関係者との官邸での面談の事実を明らかにせざるを得ないことを受けての対応だったと考えられる。

そのインタビュー記事では、愛媛県が公開した文書で、官邸での柳瀬氏との面談の事実と発言内容が記載されているのに、柳瀬氏が記憶がないと言っていることに関して、「実際には会っていたとしても、本当に覚えていない可能性はある」と述べた上で、首相秘書官が面会した内容を総理に報告しない理由について、「秘書官は自分の業務としてやっているだけですから、いちいち報告しません。総理に直接関係する案件だけは必要に応じて上げる、そういうものです」と述べている。

この文藝春秋の発売日が5月10日、まさに柳瀬氏の参考人質疑が行われた日だった。そこで柳瀬氏は、２０１５年4月2日に首相官邸で加計学園関係者と面談したことを認めたが、面会者が「10人近くの大勢だったため、愛媛県や今治市の方が同席していたか分からない」と述べた。今井氏が森氏のインタビューで「例えば、面会の場に大勢の人がいたら、忘れることだってあります」と述べているのは、柳瀬氏の参考人質疑が行われること及びそこでどのような答弁をするかを想定した上での発言だと思われる。

5月10日に行われた参考人質疑で、柳瀬氏は次のように述べた。

去年のあの集中審議の前に今井秘書官から一度事実を訊かれまして、私は今治市の職員の方とお会いした記憶はないのです、と。ただ、加計学園の事務局の方、それからその専門家の方からお話を伺った記憶はあります、と。こういうふうに、集中審議の前に、もう去年の7月の集中審議の前には今井総理秘書官にも訊かれてお答えしていますし、私はずっと一貫して同じ記憶でございますし、7月の集中審議では今治市の職員と会いましたかということを何度も訊かれましたので、記憶にございません、という答弁をさせて頂きました。

柳瀬氏が、ここで「今井秘書官」という名前を出したのは、2017年7月の閉会中審査で、2015年4月2日の官邸での面談について、その日に「加計学園関係者と会った」とは言わず、「今治市職員と会った記憶はない」とだけ答弁したのは、柳瀬氏が独断で決めたのではなく、今井秘書官に報告し、了解を得た上での対応だったという趣旨であろう。

加計学園の獣医学部新設に、首相や首相官邸がどのように関わったのかが問題になっているのであり、「2015年4月2日に官邸で加計学園関係者と会った」という重要な事実を秘匿するのは、国会に対しても、国民に対しても、著しく背信的で、「官僚の常識」からも到底行い得ない行為だ。柳瀬氏も、国会で何回も頭を下げることになった。

柳瀬氏が閉会中審査で「不誠実な答弁」を行ったことについては、今井氏が了解しており、今井氏も「同罪」であるからこそ、柳瀬氏は、敢えて「今井氏への事前説明」に言及した。そのように説明することは今井氏も事前に了承していたと考えるのが自然であろう。

加計学園問題についての重要な事実が、できるだけ表に出ないようにし、その「隠蔽」について安倍首相は全く関わっていなかったことにしようとする工作の中心にいたのが、森友・加計学園問題の「すべての黒幕」とされた今井氏だったことも概ね明らかになったのである。

報道機関向けのファックス

2018年5月21日、愛媛県が2015年2月から4月にかけての加計学園獣医学部設置をめぐる動きに関する文書を公開した。その中に、加計学園側の話として、「2／25に理事長が首相と面談（15分程度）」の記載があったことから、安倍首相と加計孝太郎理事長とが面談し、獣医学部新設に関する話をした疑いが生じたが、安倍首相は、その日に加計理事長と会った事実を否定した。

そうした中、5月26日、「当時の担当者が実際にはなかった総理と理事長の面会を引き合いに出し、県と市に誤った情報を与えてしまった」と記載した加計学園名義の文書が、「報道機関」宛てにファックス送付された。

愛媛県職員が作成した2015年4月2日の首相官邸での柳瀬唯夫首相秘書官（当時）との面談記録等の、愛媛県側の公開文書は、県職員が加計学園関係者や今治市職員から実際に聞いた話をそのまま書いていると考えられ、基本的に、信ぴょう性は高い。

「2／25に理事長が首相と面談」の事実は、愛媛県担当者が加計学園関係者から聞いた「伝聞」だが、加計学園側はファックス文書で、愛媛県文書に記載された加計学園関係者の発言自体は認め、その他の内容についても、愛媛県文書の内容について加計学園側の発言内容と異なるとは一切言っていない。そこに、極めて重要な意味がある。

そして、愛媛県が公開した面談記録等の中には、多数の箇所に「2／25理事長と首相との面談」の記載がある。

まず、「(平成) 27. 2」の面談記録で、「加計学園と加藤内閣官房副長官との面会の状況」を加計学園関係者が愛媛県に報告した際に、「日本獣医師会や既存大学の反発のため今治市への設置は厳しい状況にある」との報告の後に、「国では、国家戦略特区申請の積み残し分について、地方創生特区の名のもとに追加承認を行う模様であり、加計学園では、新潟市の国家戦略特区の中で提案されている獣医学部の設置が政治主導により決まるかもしれないとの危機感を抱いており、同学園理事長が安倍総理と面談する動きもある」という記述がある。

加計学園側は、愛媛県に対して、獣医学部の新設に関して獣医師会等の反発があって厳しい状況の下、新潟市での獣医学部設置だけが「政治主導」で決まること（そうなると、今治市での設置はさらに絶望的となる）への危機感から、「加計理事長が安倍総理と面談する動き」があると説明している。つまり、加計理事長と安倍総理との面談というのは、突然出てきた話ではなく、上記のような背景の下に、今治市での加計学園の獣医学部設置を「政治的に」進めるために、加計理事長から安倍首相へ働きかけをしようとしていることが報告されていた。

そして、「27．3」の加計学園側と愛媛県との面談記録で、冒頭に「2／25に理事長が首相と面談（15分程度）」という記載があり、その面談の模様について、「理事長から、獣医師養成系大学空白地帯の四国の今治市に設置予定の獣医学部では、国際水準の獣医学教育を目指すことなどを説明。首相からは『そういう新しい獣医大学の考えはいいね。』とのコメントあり」と書かれている。

加計学園側は、今治市での獣医学部設置について、加計理事長と安倍首相が面談し、安倍首相が前向きの反応を示したと述べた後に、国からは補助がないので、「県・市の財政支援」を求めているのである。

そして、次の「3／15」の今治市役所での今治市と加計学園との協議結果についての報告文書では、「柳瀬首相秘書官と加計学園の協議日程について（2／25の学園理事長と総理との面会を受け、同秘書官から資料提出の指示あり）」と書かれており、「柳瀬秘書官からの資料提出の指示」は、学園理事長と総理との面会を受けてのものだとされている。

「獣医師養成系大学の設置に係る内閣府及び首相秘書官訪問について」と題する書面では、「安倍総理と加計学園理事長が先日会食した際に、獣医師養成系大学の設置について地元の動きが鈍いとの話が出たとのことであり、同学園としては柳瀬首相秘書官に4月2日午後3時から説明したいので、県と今治市にも同行願いたいとの要請があったと今治市から連絡があった」と書かれている。

「理事長と首相との面談」

愛媛県の文書によると、加計学園は、理事長と首相の面談が行われる前に、「面談の動き」があることの説明をし、実際に面談があったとされた後には、面談の際に理事長から首相に渡った資料も示し、それを前提に、愛媛県・今治市に対して補助金を要請している。

これらの記載からすれば、愛媛県にとって、「2／25理事長と首相との面談」の事実が、加計学園の獣医学部新設に向けて、国家戦略特区の申請を行うこと、加計学園に補助金を交付することの大前提だったことは明らかだ。

しかも、「2／25理事長と首相との面談」は、柳瀬秘書官からの資料提出の指示に関連づけられ、面談時に理事長から首相に提供した資料でも言及されるなど、この時期の加計学園と愛媛県との交渉全般にわたって、頻繁に持ち出されている事柄だった。

加計学園関係者が意図的に愛媛県に対して事実と異なる発言をすることなど通常はあり得ない。愛媛県は、獣医学部の新設について極めて重要な事実を含むこの書面を公開したが、その「2／25理事長と首相との面談」ついて、加計学園側は、担当者がその発言をしたことを認めた上で、「実際にはなかったのに虚偽の事実を伝えた」として、一方的に「報道機関」宛てにファックス送付した。

もし、本当に、加計学園側が、「2／25理事長と首相との面談」が実際にはなかったのに、虚偽の事実を伝えたということであれば、獣医学部の立地自治体として国家戦略特区の申請を行い、多額の補助金を交付している愛媛県・今治市に対する重大な背信行為だ。そのような事実を把握したのであれば、まず、当事者の愛媛県・今治市に対して、十分な説明と謝罪をするのが当然だ。

ところが、2018年5月28日に国会で集中審議が行われる2日前の26日に、いきなり、マスコミ宛てのファックス文書で、そのような事実を公表したのである。安倍首相が追及されることが予想される5月28日の国会の集中審議に向けて、安倍首相の答弁に合わせるために、ファックスで文書を送付したと考えるのが自然であろう。

加計学園のファックス文書では、次のように記されている。

当時は、獣医学部設置の動きが一時停滞していた時期であり、何らかの打開策を探しておりました。そのような状況の中で、構造改革特区から国家戦略特区を用いた申請にきりかえれば、活路が見いだせるのではないかとの考えから、当時の担当者が実際にはなかった総理と理事長の面会を引き合いに出し、県と市に誤った情報を与えてしまったように思うとの事でした。

補助金は、住民の血税によって賄われているのであり、重要な前提事実が嘘だったとすれば、そのような嘘をつくような学校法人に対して補助金を出し続けてよいのかどうかが問題になる。国家戦略特区申請・補助金交付に関して、加計学園獣医学部に補助金を交付することになる愛媛県や今治市への重大な背信行為を、加計学園側が敢えて行ったとは思えない。

愛媛県文書によれば、加計学園側で中心となって動いていたのは、「渡邉事務局長」であり、学園事務局のトップであり法人のトップである加計理事長から直接指示を受けて動く立場だ。そのような人物が、加計理事長と安倍首相との面談の事実をでっち上げて、愛媛県・今治市側を騙していたのだとすれば、それを理事長の加計孝太郎氏が知らないことはあり得ない。

安倍首相は国会で、加計氏について「彼が私に対して私の地位や立場を利用して何かを成し遂げようとしたことはただの一度もない。獣医学部新設について働きかけや依頼は全くなかった」と繰り返し答弁してきた。安倍首相との面談をネタにして愛媛県・今治市を騙すという工作に加計氏が関わっていたとすると、それまでの「安倍首相のストーリー」も根底から崩れることになる。

柳瀬秘書官が首相官邸で加計学園関係者と面談したということであれば、それが如何なる理由によるものであれ、加計学園の獣医学部新設に至る経緯の中で極めて重要な事実だ。

「加計学園問題第二幕」では、愛媛県文書の公開と、それに対する加計学園側の凡《およ》そ信用できない説明、そして、それらによって明らかになった安倍首相、官邸側の対応に重大な虚偽があることが明らかになったのである。

何が〝一強政治〟を盤石にしたのか

森友学園問題と加計学園問題は、ほぼ同時期に表面化した、当時の安倍首相に関するスキャンダルとして、国会でも長時間にわたる野党の政権追及の材料となった。両者を総称して「モリ・カケ問題」と言われた。安倍首相らの関与を否定する官邸・自民党側と、関与の疑いを指摘する野党との対立は「単純化」され、それをめぐる安倍支持派・反安倍派の対立は、議論がほとんど嚙み合わないまま、社会の「二極化」につながっていった。

改めて二つの問題の経緯を振り返ってみると、同じ「単純化」と言っても、その構造が大きく異なっていたことがわかる。またそれぞれ、表面化の時点、その後の国会等での応酬、そして、第二幕の時点で構図が異なっており、「単純化」の経過は、決して「単純」ではなかった。

森友学園問題は、当初は、「国有地が不当に安く売却された事実があったか否か」であり、そのような疑いのある国有地の売却に「安倍首相夫妻が関わっていたかどうか」が問題とされた。ところが、国会で安倍首相が「私や妻が関係していたということになれば、総理大臣も国会議員も辞める」などと答弁したことから、「安倍首相や昭恵氏が国有地売却に関わっていたかどうか」が最大の問題になり、その点に問題が「単純化」され、そこに過剰に反応した財務省側が、佐川理財局長の虚偽答弁、決裁文書の改ざんなどの問題を引き起こしていった。

そして、この問題の「第二幕」では、決裁文書の改ざんが最大の問題となったが、財務省が公表した改ざんの内容は「国有地が不当に安く売却された事実」に関わるものではなく、安倍氏や昭恵氏などの関与の記載を削除することが主たる目的だった。財務省が調査報告書を公表し、改ざんが佐川氏主導であったことを曖昧ながら認めたことから、それ以降は、この「決裁文書改ざんに安倍首相や麻生財務大臣が関わっていた疑い」の点に「単純化」されていくことになった。赤木雅子氏の民事訴訟に対する国の「認諾」などもあって、その「疑い」が払拭できないかのような印象は、むしろ強まったようにも思える。

しかし、2018年11月22日に公表された会計検査院の最終的な検査結果では、この国有地売却の手続きや売却価格等については、基本的に不当性は認められなかった。森友学園問題には、結果的には、国有地売却問題として追及されるべき実質的な問題はなかった。その点に問題がないのであれば、昭恵氏が、森友学園の小学校の名誉校長になっていたとしても、国有地についての近畿財務局との交渉で、籠池氏側が昭恵氏の名前を出していたとしても、政権を揺るがすほどの問題になるようなことではなかった。

それが、国会での大問題となり、決裁文書改ざんが行われ、それを強いられた赤木俊夫氏が自殺するという事態にまで至ったのは、上記の安倍首相の挑発的な答弁が発端だった。それを受けた野党は、国会で与党側が圧倒的多数を占める「安倍一強体制」の下で、「一発逆転」を狙い、「安倍首相夫妻の国有地売却への関与の有無」についての追及を続けた。それは、「安倍一強体制」であったからこその「問題の単純化」だった。

一方、加計学園問題は、安倍首相（ないし昭恵氏）の関与の有無に問題が単純化されたという面では森友学園問題と同様だが、そこでの「関与」の意味は、かなり異なっていた。森友学園問題では、不当に有利な条件で売却が行われたかどうかが最大の問題であり、そこに問題がない限り、仮に安倍氏ないし昭恵氏が関わっていた、或いは、近畿財務局の担当者が、森友学園と安倍氏夫妻との関係を認識していたとしても、そのこと自体には問題はない。一方、加計学園問題に関しては、国家戦略特区の決定に対して、安倍首相の関与ないし意向が働いていたとすれば、それ自体が大きな問題だった。

内閣府が所管する国家戦略特区で、（a）獣医学部新設を認める規制緩和を行うこと、（b）獣医学部新設を認める特区を加計学園を事業者とする愛媛県今治市とすること、の二つの決定が所定の手続きを経たものでさえあれば、「違法性はなく、法令上の問題はない」とは言えるが、それだけで問題がないと言えるわけではなかった。

（a）については、獣医学部の新設を認めない、という決定、（b）については、今治市以外を特区とすることも、選択肢としてあり得るのであり、いずれも合法に行い得るものであり、まさに、その点についての決定の中身の当否とそれに至るプロセスが問題だった。その選択に、安倍首相と親交の深い加計孝太郎氏との関係が影響したとすれば、それ自体が問題なのであり、（a）（b）の決定が加計氏が理事長を務める加計学園に有利なものになったことについて、違法ではなくても、安倍政権にとって政治的、道義的な問題が生じる可能性は十分にあった。

ところが、野党側の追及は、もっぱら、獣医学部新設への「安倍首相の直接の関与の有無」に集中し、首相官邸、内閣府、与党側の主張は、「法令を遵守しているから問題ない」という言い訳に終始し、いずれも「単純化」され、全く噛み合わなかった。

それに加えて、「最初から加計学園ありき」で国家戦略特区での獣医学部新設が進められた疑いが前川証言、文科省内部文書等、相当な根拠をもって指摘されていたことに対して、今井首相秘書官を中心に、閉会中審査などで事実を隠蔽する不当な対応を行って、疑惑の追及をかわした疑いがあることも、「第二幕」で明らかになった。

野党、マスコミの森友・加計学園疑惑の追及は、「安倍首相の関与・指示」に終始し、安倍氏本人に説明を求めるという「単純化」そのもので、「安倍首相への一撃」を狙った「大振りのスイング」を繰り返しているに過ぎなかった。

そのような野党を、安倍支持派は「批判のための批判」と批判し、安倍政権に批判的なマスコミ論調で安倍政権批判の世論は高まったが、これらの疑惑で政権の支持率が低下しても、同時に野党の支持率も低下するだけだった。結果的には、選挙では与党が圧勝し、それによって、安倍政権の基盤は相対的に安定し、「安倍一強体制」は一層盤石なものとなった。

第四章　放置された「ウソ」の構図

「桜を見る会」で乾杯する安倍晋三首相（後列中央）ら＝2018年４月21日、東京・新宿御苑

極めて単純な問題

森友学園問題と加計学園問題は、しばしば「モリ・カケ問題」と言われ、二つが同じような問題であるように扱われた。しかし、両者に大きな違いがあることは、既に述べたとおりだ。「モリ」と「カケ」には、「単純化の構図」に根本的な相違があったので、「モリ・カケ問題」と一括りにすることは正しくない。それをさらに、2019年に表面化した桜を見る会問題までを加えて、「モリ・カケ・サクラ」と一括りに言う人がいるが、これは全く正しくない。

桜を見る会問題は、本来、各界での功績、功労のあった人を慰労するというのが開催趣旨のはずの公的行事に、安倍氏の選挙区の下関市の地元有権者が多数招待されて飲食、手土産などが提供された上、「前夜祭」で安倍首相個人から飲食の提供が行われた疑いが生じたものである。公的行事の「私物化」と、選挙区の有権者に対する違法な「寄附」という、全く弁解の余地のない単純な不当・違法事案である。

第二次安倍政権が長期化し、森友・加計学園問題で追い込まれた形での2017年秋の解散総選挙も、「希望の党」の自滅という幸運に恵まれて、結果的には自民党の圧勝に終わり、安倍政権への権力集中は一層顕著になった。そうした中で、権力の頂点にあった安倍氏自身が、まさに「権力者の傲慢《ごうまん》さ」によって引き起こした「極めて単純で弁解の余地のない問題」だった。

3倍に膨らんだ予算

この問題が国会で最初に取り上げられたのは、2019年5月13日の衆院決算行政監視委員会だった。その年の4月13日に開催された「桜を見る会」の費用が、予算額は毎年1766万6000円となっているのに、支出額はその3倍となる約5518万円に膨らんでいたことが問題にされた。2014年は3005万3000円だった開催経費が2019年までの5年間で2000万円以上増えて、参加者も、第二次安倍政権になってから右肩上がりになり、2019年は1万8200人にまで上っていた。テレビカメラに収まる参加者の顔触れを見ると、保守系のコメンテーター、文化人らの姿が目立ったため「安倍氏が『応援団』ばかり招待したのではないか」が問題視された。

同年秋には、この問題が、国会で再び取り上げられた。「各界で、功績、功労のあった方々を慰労する」という趣旨に反し、「政治家枠」の人数は2005年度には2744人であったが2019年には8894人に増加する一方、国際貢献や災害復旧などの功労者の招待が減少していた。2019年には、安倍晋三後援会関係者が約850人招待されていた。招待者名簿について、野党議員が質問をすると通知した約1時間後にシュレッダーにかけられ、意図的に廃棄した疑いがあることなども問題視された。

そして、「桜を見る会」の前日に、安倍後援会の主催で、ホテルニューオータニおよびANAインターコンチネンタルホテル東京で一人5000円の会費で開催されていた夕食会（以下「前夜祭」）に関して、高級ホテルでの飲食にしては会費が安すぎることが問題とされ、安倍後援会側が差額を補塡《ほてん》した公職選挙法違反（選挙区の有権者への寄附）や、政治資金規正法違反（政治資金収支報告書に前夜祭の収支を不記載）の可能性が指摘された。

これについて、安倍支持者側からは、「政治が取り組むべき重要な課題が山積しているのに、なぜ『桜を見る会』などというくだらないことで大騒ぎしているのか」というような声が聞かれた。

確かに、一つの「行事」の問題だし、国費が投じられていると言っても予算の規模としてはそれ程大きくはない。しかし、この問題には、政治権力による日本の行政組織の支配構図と、安倍首相の「身内びいき」の姿勢という安倍政権の本質的な問題が端的に表れていた。

そして何より重要なことは、それまでの「法令遵守」の言い訳が通用しなくなったことだった。政府としての対応について問題が指摘されても、「法令に基づき適切に実施している」という答弁で押し通し、「身内びいき」のやり方が批判されても、「違法なことはやっていない」と開き直ってきたが、少なくとも前夜祭の問題については、政治資金規正法、公職選挙法上の違法性を否定する「説明」が困難な状況に追い込まれたのである。

それでも、何とか「違法行為」を否定しようとした安倍首相は、国会答弁や記者会見での「ウソ」という、首相にあるまじき行いを平然と続けていくことになった。

「桜を見る会」に参加した経験

私自身も、2013年と2014年に、総務省年金業務監視委員会の委員長として「桜を見る会」に招待されて参加したことがあった。広大な新宿御苑の中に大勢の人が集まっていて、飲食物もほとんどなく、ほとんど「儀礼」に近い「質素な会」という認識を持っていた。誰が招かれようと、特に騒ぐような問題ではないと思っていた。

ところが、《桜を見る会一体ツアー　コース選択　首相夫妻と夕食会　すんなり入場》(2019年11月13日朝日)によると、安倍後援会関係者は、午前7時ごろ、新宿御苑に向けて貸し切りバスでホテルを出発。「桜を見る会」の開場は午前8時半なのに、「現地に着くと手荷物検査もなくすぐに会場内に入れ」、「バラずしの弁当や焼き鳥などが振る舞われ」、「これらは『繰り返し並べば何度ももらえた』」、「酒やジュースなどは飲み放題だった」と書かれていた。

本来、各界での功績、功労のあった人を慰労するというのが開催の趣旨のはずなのに、その趣旨に反し、安倍首相の地元の支持者・支援者の歓待が行われているように思える。

功労者として招待された人間に対する接遇に気を遣うことはほとんどなく、一方で、安倍後援会関係者は、開場時刻前に何台ものバスで乗り付けて、ふんだんに飲食やお土産まで振る舞われる。そのようなことがまかり通っているのは、まさに安倍一強体制の下での「権力者への忖度」そのものであるように思えた。

運営の実務を行う内閣府や官邸の職員には、「桜を見る会」が、安倍後援会側の意向で「地元有権者歓待行事」と化していることに違和感を覚えても、異を唱えることなどできない。傍若無人に大型バスで会場に乗り込んでくる安倍後援会側の行動を黙認するしかなかったのであろう。開催経費が予算を超えて膨張していったのも、後援会の招待者が増え、地元の参加者に十分な飲食の提供など歓待をしようとする要求に抵抗できなかった結果であり、内閣府の職員達には、各界の功績・功労者の慰労という本来の目的とは異なった会の運営になっていることがわかっていてもどうにもならなかったのであろう。

そして、何と言っても、安倍首相の最大の問題は、身内中の身内である「安倍後援会」として行うべき「説明」を、ホテルニューオータニという日本を代表するホテルを経営する企業の側に押し付けようとしたことだ。森友問題では財務省に、加計学園問題では内閣府に「説明」を押し付けて、自らの言い分を通してきた。しかし、桜を見る会問題では、安倍首相は、「身内」である安倍後援会を守ろうとした結果、高いモラルが求められる一流ホテルのホテルニューオータニに「説明」を押し付け、泥をかぶってもらおうとした。

そこにも、森友・加計問題との大きな違いがあった。

「ウソ」を重ねていった安倍首相

前夜祭に関して、当初問題にされたのは一人5000円という会費が安過ぎるのではないか、実際にはもっと高く、その差額を安倍後援会が補塡しているのではないか、そうだとすると、安倍首相の地元の支援者が多数参加している夕食会は、有権者に対する利益供与（公選法違反）に当たるかどうかだった。

2019年10月、同様の問題で、菅原一秀《いっしゅう》衆議院議員（当時）が、就任間もなく経済産業大臣辞任に追い込まれていたこともあって、公選法問題は、総理大臣辞任につながりかねない重大リスクであった。

しかも、「桜を見る会」前夜祭に関するリスクはそれだけではなかった。政治団体である安倍後援会が深く関わっていることは明らかであり、それについて、収支が発生していれば、政治資金収支報告書に記載しなければならない。しかし、その収支報告書には、「桜を見る会」前夜祭の収支は記載されてはいない。収支の記載義務があるということになると政治資金規正法違反が問題となる。

野党側から、ホテルニューオータニの鶴の間でのパーティーは最低でも「一人11000円」とされていることなどから、前夜祭の夕食パーティーが有権者への利益供与の公選法違反に当たるのではないかと追及された。それに対して、安倍首相は、2019年11月15日の官邸での「ぶら下がり会見」で、「すべての費用は参加者の自己負担。旅費・宿泊費は、各参加者が旅行代理店に支払いし、夕食会費用については、安倍事務所職員が一人5000円を集金してホテル名義の領収書を手交。集金した現金をその場でホテル側に渡すという形で、参加者からホテル側への支払いがなされた」「収支報告書への記載は、収支が発生して初めて記入義務が生じる。ホテルが領収書を出し、そこで入ったお金をそのままホテルに渡していれば、収支は発生しないため、政治資金規正法上の違反にはあたらない」と述べた。

18日の「ぶら下がり会見」でも、「旅費や宿泊費は各参加者が直接支払いを行い、食事代についても、安倍事務所にも後援会にも、一切、入金、出金はないので領収書を発行してもいない」と述べた。

安倍首相は、ホテルニューオータニ側が、一人5000円という会費の設定を行い、自ら参加者から会費を徴収したものだとして、「安倍後援会側に収支が発生しない」と説明し、夕食パーティーの参加費の価格設定も会費の徴収もすべてホテル側が行うという、「ホテルと参加者の直接契約」であるかのように説明した。そうすれば、安倍後援会は一切関与せず、収支も発生しないことになる。

18日の夜、私は、Ｙａｈｏｏ！ニュース個人に《「ホテル主催夕食会」なら、安倍首相・事務所関係者の会費は支払われたのか》と題する記事を投稿した。安倍首相が説明するとおり、ホテル側が会費の設定を行い、自ら参加者から会費を徴収するのであれば、安倍首相夫妻、安倍事務所、後援会関係者からも当然会費を徴収しなければならない。支払った場合は、安倍後援会としての支出が発生するので、後援会の政治資金収支報告書の記載がないことは政治資金規正法違反となる。逆に、支払っていない場合には「無銭飲食」になる。もちろん、その「無銭飲食」は、ホテル側が「被害届」を出さなければ「事件」にはならないが、それは、ホテル側が「無銭飲食」を見過ごし、その分の支払を免除することで、ホテルニューオータニという企業が、安倍後援会に企業団体献金を行ったことになる。安倍首相には、「違法にならない説明」の余地はなかった。

「驚くべき」「語るに落ちた」答弁

安倍首相の「収支は発生しないため、政治資金規正法上の違反にはあたらない」との

「説明」は、全く通る余地がなかった。

「桜を見る会」のツアーは、安倍晋三後援会名義で参加を呼び掛けていることからしても、政治団体である同後援会の活動の一環として行われていることは否定できない。その後援会の事務を行う安倍晋三事務所側が「想定参加者数」でホテル側に支払いをしたとすれば、それ自体が、政治団体としての安倍後援会の「支出」であり、その後、実際に参加者から「一人5000円」で受領した参加費の総額が「収入」となる。この「支出」と「収入」の両方を、政治資金収支報告書に記載すべきであることは言うまでもない。

少なくとも、安倍事務所側に政治資金規正法違反が成立することは避けられないと考えられた。

ところが、安倍氏は、その後、2019年12月2日の参議院本会議の代表質問においても、以下のような、「驚くべき答弁」を行った。

> 夕食会には、私は妻とともにゲストとして参加し、挨拶を行ったほか、参加者との写真撮影に応じた後、すぐに会場を後にしております。事務所や後援会の職員は写真撮影や集金等を行ったのみです。このようなことから、会費の支払はしておりません。ちなみに、私と妻や事務所等の職員は夕食会場で飲食を行っておりません。

いずれにしても、夕食会の費用については、ホテル側との合意に基づき、夕食会場入口の受付において安倍事務所の職員が一人5000円を集金し、ホテル名義の領収書をその場で手交し、受付終了後に集金した全ての現金をその場でホテル側に渡すという形で参加者からホテル側への支払がなされたものと承知しております。

このように、同夕食会に関して、安倍晋三後援会としての収入、支出は一切ないことから、政治資金収支報告書への記載は必要ないものと認識しております。

桜を見る会の前日に開催された夕食会についてお尋ねがありました。

夕食会の価格設定については、私の事務所の職員がホテル側と各種段取りを相談する中で、出席者の大多数が当該ホテルの宿泊者であるという事情等を踏まえ、会場費も含めて800人規模、一人当たり5000円とすることでホテル側が設定したものであります。

私の事務所に確認を行った結果、ホテル側との相談過程においてホテル側から明細書等の発行はなく、加えて、ホテル側としては営業の秘密に関わることから公開を前提とした資料提供には応じかねることであったと報告を受けております。

これが、いかに「語るに落ちた答弁」か、説明すら要しないであろう。

そもそも、立食パーティーについて、主催者が一切会費の徴収に関わらず、ホテル側が直接参加者から会費を徴収するなどということがあり得ないことは、常識で考えれば明らかだ。

もし、万が一、立食パーティーで、ホテル側が参加者から会費を徴収するということであれば、ホテル側は飲食をするかしないかにかかわらず、参加者全員から徴収するのが当然である。前夜祭の夕食会に参加した安倍氏は、開会に当たって、雛壇《ひなだん》に立ち乾杯の挨拶を行った。その際、ホテルのスタッフから、乾杯の飲み物のグラスを受け取り、「御唱和願います」と言って乾杯の発声をし、グラスに口を付けた。それは、ホテルの飲食物の提供のサービスを受けたことに他ならない。

少なくとも、「私は夕食会場で飲食を行っておりません」というのが、「明らかな嘘」であることは、安倍氏自身、認識していなかったはずはない。なぜ、そういう嘘をつかなければならないのか。そうしないと、それまでの説明が嘘であったことを認めざるを得なくなるからである。

それを、「ちなみに、私と妻や事務所等の職員は夕食会場で飲食を行っておりません」と平然と言ってのけたのである。

しかし、その後、安倍氏は、衆参両院の予算委員会での野党からの追及に対しても、このような「語るに落ちた答弁」で押し通した。

こうして、安倍氏は、この前夜祭について説明不能の状態に陥り、将棋で言えば、完全に「詰んでいる」のに「投了」せず、全く不合理極まりない答弁を繰り返して、非を認めようともしなかった。

「モリ・カケ」と「サクラ」の決定的な違い

森友学園問題は、会計検査院の検査結果からは、国有地の売却に違法性・不当性は確認されず、むしろ、安倍氏の挑発的な国会答弁に財務省が過剰反応し、国会での虚偽答弁、決裁文書の改ざんなどを引き起こした、安倍政権下での「異常な権力構造」の問題であった。加計学園問題も、国家戦略特区での規制緩和による獣医学部新設が、「法令上問題ない手続き」で行われたとしても、安倍首相との個人的な関係に忖度して、「加計学園ありき」で行われたとすれば、重大なコンプライアンス問題であり、また、その背後に、規制緩和の在り方をめぐる基本的な考え方の違いなどもあった。

いずれも、構図はかなり複雑であり、それが「単純化」されたところに問題があった。

しかし、桜を見る会問題は、「権力の私物化による地元有権者の歓待」という弁解の余地のない不当・違法な行為であった。しかも、その「違法」を覆い隠そうとした安倍氏側の対応は、国会や記者会見でウソにウソを重ね、そのウソがばれるや、言い逃れのためにさらにウソをつくという、誠実さも、真摯《しんし》な態度も、微塵《みじん》もないものであった。安倍氏及びその周辺者が行ったことは、「複雑さ」は全くない「不当・違法な行為」であり、「極めて単純な問題」であった。

ところが、この時、安倍首相の在職日数は２０１９年11月20日で通算２８８７日となり、戦前に3回政権を担った桂太郎を抜き、総理大臣在任期間が歴代最長となるなど、政権基盤は一層盤石なものとなり、長期政権の「おごり」が生じていた。

安倍支持派は、桜を見る会問題に対しても、「モリ・カケ・サクラ」などと、森友・加計学園問題と一括りにして、一向に支持が高まらない野党や朝日新聞を中心とするリベラル・マスコミが些細な問題を針小棒大に取り上げているだけで、取り合う必要はない、というような見方を示し、問題の深刻さを重大視することはなかった。

年が明け、２０２０年1月末には、黒川弘務・東京高検検事長の定年後の勤務延長を、検察庁法に違反し過去の国会答弁にも反するにもかかわらず閣議決定した。野党の国会での追及に対して森雅子法務大臣の答弁は迷走を繰り返した。さらに、その違法な定年後勤務延長の「辻褄合わせ」としか思えない「検察庁法改正案」を国会に提出し、内閣の決定で検察幹部の定年延長を行うことができるようにしようとしたが、政権の検察への人事介入を可能にする法案だとして、SNS上での署名活動に加えて、検事総長経験者等の検察OBも意見書を提出するなど、猛烈な反対が巻き起こったため、法案成立を断念し、廃案となった。

2020年2月、中国武漢で広がっていた新型コロナウイルス感染症が、横浜港に停泊中のクルーズ船ダイヤモンド・プリンセス号での集団感染でにわかに重大問題となり、その後、日本での感染も徐々に広がっていった。安倍内閣はコロナ感染対策に関しても、全国の学校に突然の臨時休校要請、目前に迫っていた東京五輪開催を自らの政治的レガシーのために「1年後」に延期、「アベノマスク」の配布、一律10万円給付をめぐる混乱など、時の内閣として失態を繰り返した。

5月21日には、全国の弁護士ら約660人が、桜を見る会問題について、公職選挙法（寄附行為の禁止）違反と政治資金規正法違反（不記載）の容疑で、首相と後援会幹部ら計3人に対する告発状を東京地検に提出した。

6月18日、2019年7月の参議院選挙広島選挙区に関する公選法違反事件で、河井克行前法相が妻の案里参議院議員とともに逮捕された。この件に関しても、党本部からの1億5000万円の選挙資金の提供が買収資金に充《あ》てられた疑いが浮上した。その金額が、安倍氏自身が個人的に悪感情を持っていたと言われる同選挙区の現職候補・溝手《みぞて》顕正《けんせい》氏への資金の10倍であったことが問題とされ、買収資金として提供された疑いが指摘されるなど、安倍氏に対する批判はさらに高まった。安倍氏は、2020年8月末に、持病の悪化を理由に突然、首相辞任表明を行った。

新たに明らかになった真実

そして、2020年11月23日に、読売新聞、NHKなどの報道で、東京地検特捜部の捜査で、ホテルニューオータニから前夜祭に関する資料が提出され、安倍氏側が会費800万円以上を補填した事実を示す領収書の存在及びその領収書が安倍氏の資金管理団体宛てであったことが明らかになった。つまり、安倍首相が、参議院本会議の代表質問で行った答弁は、丸ごと「大ウソ」だったことが明らかになったのである。

これらの報道を受け、「前夜祭」について、安倍氏周辺は、「(政治資金)収支報告書に記載すべきだったという事実を担当秘書は知っていた」と語り、政治資金収支報告書への不記載だったとの認識を示したと報じられた。

問題は安倍氏が首相時代の国会答弁で、夕食会の費用の一部を負担した事実を重ねて否定していたことだった。それについて安倍氏周辺は、「安倍氏が前年、国会答弁に先立って秘書に『事務所が(一部を)支出していることはないか』と確認したのに対して、秘書は『払っていない』と虚偽の説明をした」としていた。

そして、12月21日に安倍氏の聴取が行われたこと、安倍氏の公設第一秘書が略式起訴の見通し、安倍氏は不起訴の見通しであることが、翌22日にマスコミ各社で報じられた。報道では、「政治資金規正法違反（不記載）容疑などで告発された安倍氏本人から任意で事情聴取した」とのことだった。

安倍氏が、国会で数限りなく吐き続けてきた「虚言」は、誰が考えてもウソだとわかる、子供じみたものだった。被疑者の取調べにおいて、安倍氏が、「費用の補塡は知らなかった」などと弁解をしても、その不合理性、矛盾点を衝く「追及」を行って、意図的な「嘘」であったことを認めさせることは、まともな特捜検事であれば、「いともたやすいこと」のように思えた。

安倍首相の虚偽答弁というのは、もともと答弁の内容自体から明らかだったのであり、その1年後に、東京地検特捜部の捜査で、ホテルニューオータニから前夜祭に関する資料が提出されて初めてウソが判明したという話ではなかった。

安倍氏の聴取が、被疑者としてではなく、「事実確認のための参考人聴取」だとすれば、それは、秘書を政治資金規正法違反で略式起訴して事件を幕引きさせるためのセレモニーだということになる。しかし、そのような「形だけの聴取」は、安倍氏側から「秘書が虚偽説明をしており、補塡の事実は知らなかった」との上申書を提出させるのと実質的に変わらない。国会でもマスコミでもこれだけ大きく取り上げられ、社会的関心が高い問題であるだけに、非公開の書面審理で終わらせることが適切とは思えなかった。

電通の違法残業事件では、東京地検は法人としての同社を労働基準法違反罪で略式起訴したが、東京簡裁は略式手続きを「不相当」とし、公判が開かれた。安倍氏の秘書の略式起訴の事件も、担当した簡裁判事が、書面審理だけで済ますことは不相当と判断し、公判が開かれる可能性もあると思った。

しかし、結局、安倍氏の秘書については、政治資金規正法違反で略式命令が出され、事件は書面だけの非公開の審理で終わった。

虚偽答弁についての「弁明」

安倍首相の国会での虚偽答弁は、2019年12月2日の参議院本会議の代表質問以降、118回にもわたって繰り返されていた。

「桜を見る会」前夜祭問題についての検察の捜査は終結、刑事処分が決着し、安倍氏がそれまで国会で「虚偽答弁」を重ねてきたことについて、記者会見や国会で説明を行うことになった。その説明が、たちどころに破綻することは必至だと思えた。

ところが、2020年12月24日に「記者会見」が開かれたが、フリーランスなどのクラブ外記者は排除し、気心の知れたクラブ加盟社の記者だけの質問に答えたもので、しかも、「会場の借り上げ時間」などという全く理由にもならない理由で時間が1時間に制限されるなど、疑問に十分に答えるものとは到底言えないものだった。「記者会見」というより、「弁明会」に近いものであった。

また、国会では、2020年12月25日に衆参両院の議院運営委員会で、安倍氏からの説明が行われたが、与野党議員の質疑時間は、各院で与野党議員合わせて1時間と限定され、最大でも質問者一人当たり15分という極めて短いものだった。

しかも、与党議員からは、それまでの安倍氏の長期政権による実績の礼賛が長々と行われたり（自民党・高橋克法参議院議員）、日本維新の会・遠藤敬衆議院議員からは、「（安倍先生の説明を）私は信じたいと思うんです」などと、「追及」とは真逆の質問も行われ、それらも含めて衆参両院で合計2時間であり、「首相の虚偽答弁」が発覚した安倍氏に対して十分な「追及」を行う場とは到底言えないものだった。

12月24日の「弁明会」と25日の国会での実際の安倍氏の説明は、「実際に費用補塡を行っていたのは、略式起訴された地元の配川公設第一秘書ではなく、東京事務所の責任者の秘書であり、（安倍氏に対して）費用補塡はしていないと虚偽の説明を行っていたのも、その東京事務所の秘書だった。その秘書から、地元の配川秘書への連絡が不十分だったために、配川秘書は、費用補塡の事実を明確に認識していなかったが、夕食会について何らかの費用は発生していて記載すべきことを認識していたのに記載しなかったということで、不記載の刑事責任を問われた」というものだった。

安倍氏は、24日の「弁明会」で、秘書とのやり取りについて、「私は『5000円の会費で全てまかなっていたんだね』ということを確認し、『そうです』と答えた責任者でございますが、その後も『会場代も含めてだね』ということも確認したんですが、『それはそうです』というふうに答えていた」と述べ、25日の国会での質疑でも、立憲民主党の福山哲郎参議院議員の質問に対して、「昨年11月、この問題が国会で取り上げられるようになってから、自分の執務室から電話で秘書に確認した」と説明をした。

つまり、安倍氏の説明のとおりだとしても、この件についての秘書とのやり取りは、前夜祭について、電話で「5000円の会費で全てまかなっていたんだね」と「確認」し、その後、「会場代も含めてだね」と「確認」しただけに過ぎなかった。

明細書に関する説明の「大ウソ」

安倍氏は、2019年11月15日以降、「ホテルと参加者の直接契約なので主催者の後援会に収支は発生しない。政治資金規正法上の違反にはあたらない」という説明を繰り返してきた。それが、安倍氏が公選法違反の疑いを否定するために苦し紛れに持ち出した言い訳であることは明らかだった。２０２０年12月24日の「弁明会」では、「明細書」について以下のようなやり取りがあった（産経新聞《桜を見る会　安倍首相の説明詳報》による）。

記者：国会では明細書はないと……

安倍氏：明細書がないのは、事務所にないということです。明細書がないということは、私が答えられるわけないのであって、ホテルにあるかないかということであって、普通は明細書はあるんだろうと。しかし明細書は、今お答えしたのは、明細書がないというのは、私の事務所には明細書が残っていないということであるのと、秘書が明細書を見たという認識がないということを申し上げている。明細書がないということを申し上げたことはないというところだと思います

記者：なぜホテルに確認しなかったのか

安倍氏：いや、だから、その確認というのはですね、確認というのは、明細書を出してもらいたいということですから、明細書は営業の秘密にかかるから、公開を前提とする上においてで明細書を出すことはできないというふうにお答えをしていると。明細書がないということではなくて、というふうにお答えをしているということです

全く支離滅裂である。

そして、翌25日の国会で、立憲民主党の辻元清美衆議院議員（当時）が、領収書と明細書がなければ政治資金収支報告書の細かい修正はできないとして、自ら再発行をホテルに求め国会に提出するよう要求したが、安倍氏は、「検察側は明細書等をしっかり把握したうえで今回の判断をしているのであろうと思います。明細書のなかがどうあれ、検察側の判断は変わらない。私たちがことさら明細書を隠さないといけない立場ではない」などと述べて応じようとしなかった。

検察の捜査は、刑事処分のために行われるものであり、不起訴に終わったからと言って、政治的・社会的に問題がなかったことが確認されるわけではないし、刑事事件とは別個に事実を解明する必要性が否定されるわけでもない。検察が、明細書の内容を把握した上で不起訴の判断をしたからと言って、安倍氏側で明細書を隠す理由がないなどと言えるはずもない。

このような苦し紛れの言い訳までして明細書の提出を拒むのは、明細書を提示した場合は、安倍事務所とホテルニューオータニとの前夜祭についての交渉経過がすべて明らかになり、ホテルと参加者の直接契約だという安倍氏の説明が当初から明白な虚偽であったことが否定できなくなるからとしか考えられなかった。

費用補塡、苦し紛れの「弁明」

12月24日の「弁明会」で、記者からの最初の質問は、前夜祭の費用の補塡の原資を問うものだった。これに対する安倍氏の説明によって、安倍氏の政治資金の処理に重大な問題があることが明らかになった。

安倍氏は、以下のように説明した。

> 私のいわば預金からおろしたものを、例えば食費、会合費、交通費、宿泊費、私的なものですね、私だけじゃなくて妻のものもそうなんですが、公租公課等も含めてそうした支出一般について事務所に請求書がまいります。そして事務所で支払いを行いますので、そうした手持ち資金としてですね、事務所に私が預けているものの中から、支出をしたということであります。

要するに、安倍事務所では、安倍氏の個人預金から一定金額を預かって、安倍夫妻の個人的な支出についても支払いをしており、そのような個人預金から、後援会が主催する前夜祭の費用補塡の資金を捻出したということなのである。

もし費用補塡の原資が、資金管理団体「晋和会」から支出されたとすると、晋和会の収支報告書に記載しなければならなかったということになり、それを記載していないことについて、安倍氏自身が代表になっている政治団体の政治資金収支報告書不記載罪が成立することになる。安倍氏は違反に当たらないようにするために、自らの個人資産から「立替え」をしたと説明せざるを得なかったのである。

しかし、安倍氏の個人資産が補塡の原資だと説明すると、それを安倍氏が了承していた場合には、安倍氏自らが公職選挙法の寄附の禁止に違反することになりかねない。そこで、補塡は、秘書が無断で行ったと弁解するとともに、もう一つ、補塡の正当化事由として「会場費の支出は、有権者に対する寄附に当たらない」という理屈を持ち出した。

安倍氏は、前夜祭の会費5000円は飲食費の実費で、それ以外の費用補塡は（当初の国会答弁時は認識していなかったが）「会場費等」だったというような説明をした。

公選法の「公職の候補者等の寄附の禁止」（199条の2第1項）では、「専《もっぱ》ら政治上の主義又は施策を普及するために行う講習会その他の政治教育のための集会に関し必要やむを得ない実費の補償」として行われるものが除外されているから、会場費の負担であれば、公選法の寄附の禁止には触れないということを言いたいようだった。

しかし、桜を見る会の前夜祭が、「政治教育のための集会」ではないことは会の趣旨や参加者からして明らかであり、寄附の除外規定が適用されるようなものではなかった。

このような全く的はずれの「会場費」の話を持ち出し、「寄附に当たらない」と言っているのは、個人資金が原資となった費用補填であることで公選法違反が生じることを避けようとする「苦し紛れの弁明」であることは明らかだった。

政治資金と個人資金の一体化

安倍氏の説明は、前夜祭をめぐる費用補填について何とかして追及をすり抜けようと腐心したのであろうが、その結果、安倍氏に関連する政治資金の処理に関する重大な問題を自ら明らかにすることになった。

安倍事務所では、安倍氏の個人預金から一定金額を預かって、安倍夫妻の個人的な支出の支払いをしていたと説明していた。それは事務所で扱う政治資金と個人の資金とが一体化し、最終的に、政治資金としての支出と個人の支出とに振り分けるというやり方がとられていたということだ。

そのようなやり方によって、前夜祭の費用補填については、合計800万円もの費用を、後援会として費用負担すべきところを、資金の拠出者の安倍氏が認識しないまま、個人資金で負担していたということなのである。

安倍氏については、政治資金と個人の資金の区別すらついておらず、どんぶり勘定になっていたということであり、逆に、政治資金が個人的用途に使われる可能性も十分にあることになる。これは、「昭和の時代」の政治家の政治資金処理であり、政治資金の透明化が強く求められる21世紀においては、全くあり得ないことだ。

前夜祭の費用負担に関連する安倍氏の説明は、ひたすら、自らの犯罪・違法行為の疑いをすり抜けようと、なりふり構わず、巧妙に組み立てたのであろうが、それが、かえって、安倍氏という政治家の政治資金処理に関する根本的な問題を露呈することになった。

議院内閣制は、総理大臣を中心とする内閣が、国会で真摯に誠実に答弁することが前提とされている。その総理大臣が、自らの政治上の責任に関わる重要な事項について説明不能の状況に陥ったのであれば、職を辞することになるのが当然だ。ところが、安倍氏は国会でも、記者会見でも「説明にならない説明」を繰り返した。そのため、「全国の法律家による告発」という形で公選法違反等の犯罪の嫌疑が司法の場に持ち込まれ、東京地検特捜部の「最低限の捜査」で虚偽答弁が明らかになった。

安倍氏の首相在任中に検察捜査の動きが表面化することがなかったことについては、当時、「官邸の守護神」とも言われていた黒川弘務・東京高検検事長の存在との関係も取り沙汰された。

もともと安倍氏の説明は、検察捜査によらずとも、国会の国政調査権でホテルニューオータニから明細書や領収書を提出させれば容易に判明していたはずの明白な「虚偽」だった。ところが、国会では、そのような「最低限の事実確認」すら行われず、検察も安倍首相辞任後になってようやく捜査に動き出した。その結果、「虚偽答弁」が明らかになるのに1年近くを要したのである。

弁明での「虚偽」の疑い

虚偽答弁が明らかになった後の安倍氏の「説明」についても、疑問点・問題点が多数残った。

安倍氏が説明未了の重要な点は、私が前記Ｙａｈｏｏ!記事などで繰り返し指摘してきた「ホテルとの契約の主体」の問題だった。

安倍氏は、国会答弁で、「安倍晋三後援会は夕食会を主催したが、契約主体は個々の参加者だった」と説明していた。それについて、私は２０１９年11月当時から、「『桜を見る会』前夜祭に関して、安倍首相が『説明不能』の状態に陥った」と指摘していた。

虚偽答弁についての２０２０年12月の国会での説明後、野党の「総理主催『桜を見る会』追及本部」の質問状に対して、安倍事務所は、上記の契約主体に関する答弁を「事実と異なる答弁」の一つとして2021年1月5日付けで回答した。

問題は「契約主体が個々の参加者だなどという『荒唐無稽な説明』を、誰が考えたのか」という点だ。その説明に関しては、安倍氏も、「秘書から事実に反する説明を受けた」とは言っていない。公選法違反・政治資金規正法違反を免れる「言い訳」として、「契約主体は個々の参加者」という苦し紛れの説明を作り出したのは、安倍氏自身なのだろうか、それとも、そのデタラメな説明を敢えて進言した「知恵者」が誰かほかにいたのだろうか。

いずれにせよ、ホテルとの契約主体についての虚偽答弁について、安倍氏を問い質せば、「意図的な虚偽答弁」であったことが否定できなくなることは確実だった。

前夜祭の費用の補塡を繰り返し否定していたのに、実際には多額の補塡が行われていたことについて、安倍氏は、「費用補塡を認識していなかった」と説明し、そのように認識していた理由について、野党の追及が始まった後の2019年11月に、自分の執務室から東京の安倍事務所の責任者に電話をかけて「5000円の会費で全てまかなっていたんだね」と確認し、その後「会場代も含めてだね」と確認した、と説明した。

しかし、前夜祭の問題について、国会での追及が始まった後に、安倍氏から、電話でそのように言われて、「同意」を求められた秘書が、「そうではありません。5000円以外に別に支払いをしています」と答えることなどできるはずもない。安倍氏の聞き方は、どのような費用がかかったのか、収支は発生したのかなどについて「事実を聞き出す」ものではない。「すべての費用は参加者の自己負担」と決めつけ、秘書側が、それに反する事実を説明できないよう抑え込んだだけだ。秘書としては権力者の安倍氏の意向に従うしかなかった。

それは、森友学園問題では、「私や妻は一切関わっていない。関係していたということになれば、総理大臣も国会議員も辞める」という国会答弁を行ったことが起点となって、佐川理財局長以下が、その首相答弁が事実であることを前提に動かざるを得なくなった。その結果、近畿財務局では、決裁文書の改ざんまで行われ、赤木氏の自殺という痛ましい出来事にまで至った。

森友学園問題などでも繰り返されてきた「忖度の構図」と全く変わらない。

安倍氏の説明のとおりだとすれば、それと同じ構図が、今回の安倍氏と秘書の関係において生じていたということなのである。

このように、安倍氏の説明には多くの疑問があり、桜を見る会問題でのウソが発覚した後も、さらにウソを重ねている疑いが濃厚だった。しかし、国会で、この問題について、「前首相」を徹底追及する場は、その後全くなかった。

「ウソの構図」が放置されたまま、安倍氏やその支配下、影響下にある政治家が日本の政治を動かすことは決して許してはならなかった。政治に「最低限の信頼」を取り戻すためには、安倍氏側や関係先に説明と資料提出を求め、ウソの中身をすべて明らかにするとともに、首相の「虚偽答弁」の動機と経過を詳細に明らかにしていくことが不可欠だった。

安倍氏は、記者への「弁明会」と国会で、凡そ説明にならない説明を終えた後、「次の選挙で信を問いたい」などと語った。

安倍氏が言っていることは、要するに、「『説明責任』など糞くらえだ。地元の有権者は、そんなこととは関係なく、無条件に自分を支持してくれる。だから、首相在任中の選挙はすべて圧勝してきた」ということだった。

安倍氏が、首相の国会での虚偽答弁という「憲政史に残る汚点」について、納得できる説明も行わないまま次の選挙で再び勝利することで禊《みそぎ》が済まされるというのであれば、「虚偽答弁」の背景にある、日本の政治を支配してきた「ウソの構図」が放置されたまま、それ以降も、「説明責任を果たさないウソの政治」が横行することになる。

それは、弁解の余地のない首相の不祥事であった桜を見る会問題を、さらに「単純化」し、矮小化し、日本の民主主義の根幹を歪めるものだった。

第五章　銃撃事件以後も繰り返される〝手法〟

安倍晋三元首相の国葬で追悼の辞を述べる菅義偉前首相＝2022年９月27日、東京都千代田区

安倍氏銃撃事件と統一教会問題

安倍氏の首相在任期間の最後の頃に表面化し、野党・マスコミの追及を受けた桜を見る会問題は、安倍支持者からは、「モリ・カケ・サクラ」と一括りにして、些末な問題であるように扱われた。内閣総理大臣の国会での「虚偽答弁」は、議院内閣制の下で、国会の信認を前提に成立している内閣にとって致命的で、まさに、第二次安倍政権の評価そのものに関わる問題だった。

安倍氏は、当初から虚偽であることが明らかだと思える説明、虚偽答弁を繰り返し、2020年8月末に首相を辞任した後、検察捜査で明らかになった事実から、首相として国会で118回もウソの答弁をしていたことが否定できなくなり、答弁の訂正に追い込まれる事態となった。

そして、2020年12月25日の衆参両院の議院運営委員会が、答弁訂正の説明の場として設定されたものの、そこでも、国会での虚偽答弁の際の認識などについて明らかにウソの説明をした。安倍氏の国会での最後の発言となったのは、虚偽答弁についての「ウソの説明」だった。

それにもかかわらず、その重大性が認識されることはなく、この問題は収束し、少なくとも、元首相としての安倍氏の政治的地位に影響することは殆《ほとん》どなかった。安倍氏は、自民党内の最大派閥「安倍派」の会長となり、自民党内において強大な政治権力を保持し続けた。

そして、2022年7月8日、安倍氏は、奈良市内で参議院選挙の応援演説中に、旧統一教会（現・世界平和統一家庭連合）に恨みを持つ山上徹也に、自作銃で銃撃されて亡くなった。

母親が旧統一教会にのめりこんで、1億円を超える高額献金を行って破産、家庭が崩壊したことで、旧統一教会に対して恨みを持つ山上容疑者の攻撃の矛先が、教団と関係が深い安倍氏に向かったとされている。

統一教会問題を長年取材してきた鈴木エイト氏は、著書『自民党の統一教会汚染　追跡3000日』で、安倍晋三氏は、「1968年に同教団系の政治組織・国際勝共連合の創設の後ろ盾となって以降、教団と友好関係にあった祖父の岸信介元首相や、教会員を自民党国会議員の秘書として紹介し各議員を教団のセミナーへ勧誘していたとされる父親の安倍晋太郎元外相とは異なり」、少なくとも、小泉政権で官房長官を務めていた2006年頃までは、「統一教会と一定の距離を置いていた形跡がある」としている。

その根拠に、2006年5月、統一教会のフロント組織である天宙平和連合（UPF）が福岡で開催したイベント「祖国郷土還元日本大会」に、当時官房長官だった安倍氏らが祝電を贈ったことが発覚した際に、それ以前から継続して統一教会や勝共連合の批判を続ける有田芳生《よしふ》参議院議員（当時）のブログで、安倍氏自身の〝判断〟による祝電ではないとの見解を示していること、当時の報道を見ても「私人の立場で地元事務所から『官房長官』の肩書で祝電を送ったとの報告を受けている。誤解を招きかねない対応であるので、担当者によく注意した」との安倍氏のコメントが各メディアで報じられていたことを挙げている（18〜20頁）。

その安倍氏は、民主党への政権交代で自民党が野党に転落した頃から、統一教会との関係を深め、組織票支援を依頼するまでに変節したとされている。

安倍氏のビデオメッセージ

2021年9月12日、ソウル近郊の教団施設で、旧統一教会のフロント団体・UPFが主催し「150か国の国家首脳、国会議員、宗教指導者が集う」とされた「神統一韓国のためのTHINK TANK 2022 希望前進大会」なるリモート集会にVIPとして、安倍晋三前内閣総理大臣とドナルド・トランプ前アメリカ大統領がリモート登壇した。冒頭「日本国、前内閣総理大臣の安倍晋三です」と名乗った後、安倍氏は「UPFの主催の下、より良い世界実現のための対話と諸問題の平和的解決のためにおよそ150か国の国家首脳、国会議員、宗教指導者が集う希望前進大会で、世界平和を共に牽引《けんいん》してきた盟友のトランプ大統領とともに演説の機会をいただいたことを光栄に思います。ここにこのたび出帆した『THINK　TANK　2022』の果たす役割は大きなものがあると期待しております。今日に至るまでUPFとともに世界各地の紛争の解決、とりわけ朝鮮半島の平和的統一に向けて努力されてきた韓鶴子《ハンハクチャ》総裁をはじめ皆様に敬意を表します」と韓鶴子総裁を礼賛し、「UPFの平和ビジョンにおいて家庭の価値を強調する点を、高く評価いたします」と述べた（前掲書270〜272頁）。

それまで鈴木氏が取材で把握していた「安倍と教団側の〝取引〟を示す傍証は、安倍サイドからしてみると『教団側が捏造したもの』『教団側がそう言っているだけ』として言い逃れができてしまうものだった。しかし、この映像は安倍が初めて統一教会との関係を公にした瞬間だった」。それだけに「安倍のビデオメッセージによるリモート録画登壇は衝撃的だった」と、鈴木氏も述べている（前掲書、276頁）。

2021年9月17日に、「全国霊感商法対策弁護士連絡会」（以下、「全国弁連」）が、旧統一教会について、統一教会は、信者の人権を抑圧し、霊感商法による金銭的搾取《さくしゅ》と家庭の破壊等の深刻な被害をもたらしてきた反社会的な団体である。

国会議員や地方議員が統一教会やそのフロント組織の集会・式典などに出席し祝辞を述べ、祝電を打つという行為が目立っている。これらの行為は、統一教会により、自分達の活動が社会的に承認されており、問題のない団体であるという「お墨付き」として利用される。


として、安倍晋三衆議院議員宛てに公開抗議文を送付したが、安倍事務所は、受け取りを拒否していた。

2018年6月1日には、全国弁連所属の弁護士や支援者など約50人が、参議院議員会館会議室で緊急院内集会を開き、『政治家の皆さん、家庭連合（旧統一教会）からの支援を受けないで下さい』と題した声明文も採択されていた。「政治家が家庭連合の式典に出席し、祝辞を述べ、祝電を打つという行為は、家庭連合にお墨付きとして利用され、反社会的な活動を容易にするものであり、政治家が統一教会と連携することがどのような社会的弊害をもたらすか考えるべき」と旧統一教会との関係について、国会議員に注意と再考を促す内容で、各議員会館内の全国会議員に配布された。

このような全国弁連の弁護士らの動きを踏まえれば、安倍氏も、有力国会議員が旧統一教会を支援しているような発言をすることが、旧統一教会にお墨付きを与えることになること、それが霊感商法や高額献金等の被害者などに強い反発を持たれることは認識できたはずだ。

ところが、安倍氏は、旧統一教会の関連団体の国際イベントにリモート登壇し、教団トップの韓鶴子総裁に「敬意を表する」とまで言い切ったのである。

島薗進編『政治と宗教　統一教会問題と危機に直面する公共空間』（岩波新書）の中で、中野昌宏・青山学院大学教授は、

このように手の込んだ祝辞を述べ、イベントに協力しているということは、彼は統一教会の活動を公に是認していると見るほかはない。あまつさえ安倍はこのメッセージの中で、「UPFの平和ビジョンにおいて、家庭の価値を強調する点を、高く評価いたします」と発言した。まさに教団に家庭を破壊された山上容疑者が、このビデオを目にしたのである。彼の起こした行動が肯定できないものだとはいえ、この瞬間の彼の胸中は、想像に難くない。

と述べている。

安倍氏の行動は、あまりにも大胆で無神経な行動だったと言える。それが、銃撃され殺害されるなどという結果を招くことは誰にも予想できなかったとしても、少なくとも、旧統一教会の霊感商法等の反社会的行為の被害者や信者二世に、強い反感と憎悪を持たれることは認識すべきだった。ところが、安倍氏は、敢えて、UPFのイベントへのリモート登壇を行い、韓鶴子総裁を礼賛したのである。

安倍氏のこのような行動には、第二次安倍政権の間に、森友学園問題、加計学園問題、桜を見る会問題と、安倍氏自身が追及される問題が表面化し、野党・マスコミからの追及が続いたものの、結局、常に「強気」で押し通した結果、実質的に問題なく収束することができたという「成功体験」が影響しているように思える。

結局、「モリ・カケ・サクラ」問題を経て、安倍氏やその周辺に残ったのは、選挙で勝利しさえすれば、どんな問題でも乗り切れる、そして、それが政治的にも有利に働く、という「経験知」だった。

旧統一教会の関連団体のイベントへのリモート登壇を行ったことが、全国弁連や旧統一教会の被害者等から何らかの反発を招いたとしても、桜を見る会問題での「虚偽答弁」問題ですら、さしたる苦労もなく乗り切ったのであるから、それ程大きな問題にはならないと高をくっていたのかもしれない。

安倍氏が、UPFのイベントにリモート登壇することを教団側に伝えたのは、2021年8月末だったとされている（前掲鈴木、279頁）。その頃は、安倍政権を継承した菅政権の支持率が、コロナ感染対策やコロナ禍での東京五輪開催の是非の問題等で急低下し、自民党総裁の任期切れを9月に、衆議院の任期満了を10月に控え、岸田文雄氏の総裁選への出馬表明もあって、政局が一気に緊迫化していた時期だった。総裁選と衆院選が目前に迫っている時期だっただけに、安倍氏には、それまで以上に旧統一教会との関係を深め、選挙での応援を強力なものにしてもらおうという思惑もあったのかもしれない。

結局、選挙にさえ勝てば、「モリ・カケ・サクラ」を乗り切ってきたやり方で、すべての問題を乗り越えることができるという「過信」が、旧統一教会の関連団体の国際イベントにリモート登壇して、韓鶴子総裁を礼賛するという行為に対する抵抗感を希薄化させていたのではなかろうか。

そのように、安倍元首相ら自民党議員が旧統一教会との関わりを深めることに対して、教団への多額の献金で経済的に困窮し、家庭が崩壊し、人生が破壊された信者、元信者、その家族、信者二世などの「怨念」が高まっていった。安倍氏の行為に対しても強烈な反感・憎悪が生じるのは当然だった。

銃撃事件直後の「分断」「二極化」

安倍氏銃撃事件直後は、それまでの「安倍支持派」「反安倍派」の対立を、そのまま反映した状況となった。

8年近くにわたった第二次安倍政権は、「安倍一強体制」とも言われ、自民党内でも、政府内部でも、安倍首相とその側近の政治家や官邸官僚への権力の集中には逆らえず、意向を忖度せざるを得ないという状況になった。それが安定的な政権運営につながり、安倍政権下での多くの政策の遂行を可能にしたが、その一方で、権力の集中による歪《ゆが》みが生じ、安倍支持者と安倍批判者との対立の「二極化」は激しくなっていった。

安倍元首相が銃撃により殺害されるという衝撃的な事件で、「二極化」の根本にあった安倍氏という政治家の存在がなくなったが、それによって「二極化」が解消されるどころか、さらに増幅されているように思えた。

安倍元首相殺害事件は、政治的、社会的影響は極めて大きいが、「一つの刑事事件」である。事件の動機・背景等については捜査・公判で真相解明が行われるのを見極めるしかない。犯罪の動機が、選挙運動の妨害などの政治的目的であったとする根拠はなく、むしろ、現行犯逮捕された山上容疑者は、「政治信条とは関係なく、家族を破産させた特定の宗教団体と安倍元首相とが関係があると思って殺害しようと考えた」と供述しているとされていた。ところが、銃撃事件の発生直後から、与野党の政治家、マスコミなど、ほとんどが、事件を「政治目的のテロ」「言論の封殺」などととらえていた。

安倍支持者側は、「安倍晋三氏に対しては、特定のマスコミや『有識者』といわれる人々が、テロ教唆と言われても仕方ないような言動、報道を繰り返し、暗殺されても仕方ないという空気をつくりだしたことが事件を引き起こしたのであって、犯人が左派でも右派でも、個人的な恨みをもった人でも、精神に障害を抱えた人でもそれが許されると思わせた人たちが責められるべきである」などと、実際に起きた安倍元首相殺害という刑事事件に関する「事実」を無視して、「安倍批判」が安倍氏殺害事件の原因であるかのように決めつけていた（《安倍狙撃事件の犯人は『反アベ無罪』を煽った空気だ》八幡和郎氏）。フジテレビ上席解説委員の平井文夫氏も、それに同調する記事を書くなど、「反安倍」批判を行っていた（《安倍晋三さんを死なせたのは誰だ》FNNプライムオンライン）。

しかし、山上容疑者については、その後、元海上自衛隊員であることが明らかになり、彼の膨大な量のツイッター投稿の内容から、思想的には、嫌韓、歴史修正主義、排外主義で、ネット右派、いわゆるネトウヨの考え方に近いことがわかった。

銃撃事件直後に八幡氏、平井氏などが主張していた、「反安倍に煽られた事件」などという見方は、全く客観的事実に反するものだった。

横行する〝憶測〟や〝決めつけ〟

２０１９年7月の参議院選挙期間中に、札幌市内の街頭演説において、安倍首相の演説に対して路上等から声を上げた市民らに対し、北海道警察の警察官らが肩や腕などを摑んで移動させたり長時間にわたって追従したりした問題について、警察官らによる行為は違法だとして市民らの国家賠償請求の一部を認容した判決が札幌地裁で出されていた。それが、本件で安倍元首相の演説の際の警護の支障になったかのような見方もあった。

しかし、「声を上げて批判すること」と「物理的に抹殺しようとすること」とは全く異なる。この二つを混同するような論調は、民主主義に対する重大な脅威になりかねない。

それだけでなく、要人警護に対しても不備を生じさせるものだった。安倍氏銃撃の際、現場で警護に当たっていた警察官は、安倍氏と同じ視線で、聴衆の方にばかり目を向けていたために、後方から安倍氏に接近して自作銃を発射した犯人に気付かなかったことが警護上の問題として指摘された。

聴衆の方にばかり目を向け、「安倍帰れ」というような聴衆からの反応が生じることの方に注意を向け過ぎたために、後方への警戒が疎かになったとすれば、むしろ、札幌地裁判決にもかかわらず、「聴衆側からの批判的な言動に対しての警戒」を重視したことが、「聴衆ではない殺人者」からの襲撃に対して無防備な状況を作ってしまったと言える。

一方、反安倍派は、「安倍氏銃撃は、自民党が長期政権でおごり高ぶり、勝手なことをやった結果」などと、安倍氏の政治的責任が事件の原因であるかのような短絡的な議論に持ち込もうとしたり、SNS上では「安倍氏は犯罪者、刑務所に入っていたら、銃撃されることもなかった」などと挑発的に述べたりしていた。

この事件は「一つの刑事事件」であるのに、刑事手続きによる事実解明を無視し、何の根拠もなく、安倍氏への批判と殺害行為を結び付ける安倍支持派の論調は、事実を無視した「言いがかり」だった。しかし、安倍氏を「犯罪者」扱いして殺害を正当化する反安倍派が正しいわけでもなかった。安倍氏が批判されるべきは、説明責任を果たそうとしなかったことや、虚偽答弁の姿勢だった。それが「実刑に処すべき犯罪」であるかのように言うのは、「暴論」だった。

今回の安倍元首相殺害事件後の「安倍支持」「反安倍」のそれぞれの議論の極端化も、加計学園問題で見られたような第二次安倍政権における「安倍一強体制」の下での「二極化」と同様の構図に思えた。

そのような「嚙み合わない議論」の一翼を担っていた安倍支持派の一部は、山上容疑者のツイート等で、安倍氏が「反安倍勢力」とは全く無関係に殺害されたことが明らかになっていっても、その「現実」が受け入れられないのか、安倍氏の死因の説明に不明な点があるなどとして、山上容疑者の背後に何らかの組織が存在するとか、「安倍氏は、山上容疑者の銃撃と同時に発射された別の方向からの銃撃で死亡した」などという荒唐無稽《こうとうむけい》な言説も出てきた。

しかし、「反安倍勢力」による殺害という陰謀論を、どのように組み立てても、山上容疑者の銃撃と、別の方向からの狙撃が偶然全く同じタイミングになる、ということは現実的にあり得ない。仮に、タイミングが一致したとすれば、山上容疑者と、「反安倍勢力」とが何らかの意思疎通をしていたことになるが、それはネット右派、いわゆるネトウヨの考え方に近い山上容疑者にとっては極めて考えにくいことである。しかも、そのような意思疎通が行われていた事実があれば、警察捜査の中で、山上容疑者の通信履歴等に全く痕跡が残らないことも考えにくい。

第二次安倍政権の時代に、森友学園、加計学園、桜を見る会などでの安倍首相への批判を、「モリ・カケ・サクラ」などと一括りにして、取るに足らない問題であるかのように声高に言い立てていたのが、安倍支持者であった。その言説の底の浅さが、安倍氏の殺害事件発生によって露呈していったのは皮肉な現象だった。

統一教会問題の「社会問題化」

安倍元首相という、自民党内で厳然たる政治権力を持っていた政治家の死去で、日本社会が大きく動揺する中、安倍支持と反安倍という「二極化」が、一層増幅されていった。

安倍氏銃撃事件で逮捕された山上容疑者が、母親が旧統一教会にのめり込み、多額の献金で破産し、家庭が崩壊したことで恨みを持ち、そのトップを殺害しようとしたが、それが困難だったことから、同団体とつながりがあると思えた安倍氏を襲撃したと供述していると報じられた。それを契機に、自民党を中心とする政治家と旧統一教会との関係が、マスコミで連日大きく取り上げられるようになった。

第二次安倍政権下で、自民党が国政選挙で圧勝を続けたことに関連して、「旧統一教会関係者による無償の選挙協力」の貢献があったことも、次第に明らかになっていった。

1990年代に「霊感商法」など多くの問題を起こした旧統一教会に対しては、自民党議員などもある程度距離を置いていたが、露骨に関係が深まっていったのが、第二次安倍政権になってからだとされている。そこには、選挙で勝つためには手段を選ばないという、安倍政権の姿勢が関係していた可能性がある。

立憲民主党、日本維新の会などは、党所属議員と旧統一教会との関わりを調査し、その結果を公表するなどしたが、自民党は、茂木《もてぎ》敏充《としみつ》幹事長が、「党とは組織的な関係はないことが確認できた」と繰り返し、関係が明らかになった議員個人が弁明するだけで、所属議員と旧統一教会との関係を積極的に調査しようとはしなかった。

マスコミの側も、ワイドショー等で連日、長時間かけて「旧統一教会と政治の関係」を取り上げるTBS、日本テレビと、政党や政治家側の対応を取り上げるだけで、旧統一教会問題自体を積極的にはほとんど取り上げようとしないフジテレビ、NHKなどと、対応が分かれた。

当初、連日、「羽鳥慎一のモーニングショー」「大下容子ワイド!スクランブル」等で旧統一教会問題を取り上げていたテレビ朝日も、7月18日に出演した有田芳生参議院議員(当時)が、「『政治の力』で旧統一教会に対する捜査が中止された」と発言して、番組が「凍り付いて」以降、ワイドショーでは一時期取り上げなくなった。

このように安倍氏銃撃事件後において、この問題をめぐるメディアの対応が極端に分かれたことの背景に、「安倍元首相を殺害した犯人の思う壺にしてはならない」という意見が影響しているように思えた。

「犯人の思う壺」論の横行

元自民党副総裁の高村《こうむら》正彦氏は、過去に、統一教会の訴訟代理人を務めたことについて週刊文春の取材を受け、「勝共連合と統一教会がいいか悪いかは別として、この事件で統一教会が取り上げられることは、テロをやった人の思う壺なので正しいとは思えない」などと発言した（週刊文春、2022年7月28日号）。この意見が、一部で「正論」と受け止められたようで、同様の意見がツイッター等のSNS上でも目立った。

もちろん、意図的に人の命を奪う「殺人行為」は、誰に対するものであっても、絶対に許容できるものではない。また、犯人の意図どおりの結果となり、目的が実現してしまうことが、模倣犯や同様の殺人行為の誘発につながるというのであれば、そのような犯罪の抑止のために万全の対策をとる必要がある。

しかし、殺人事件一般について考えた場合、犯人が意図したとおりの結果になることが、「犯人の思う壺になる」として、必ず避けるべきということにはならない。

殺人にも様々なものがある。通り魔殺人や衝動的・偶発的殺人などは、犯人が達成しようとする明確な目的がない場合も多いが、計画的殺人には動機があり、それによって、犯人が実現しようとする目的がある。特に、山上容疑者のような、ただちに逮捕され処罰されることを覚悟し、公然と行われる確信犯的な殺害行為の場合、それによって実現しようとする明確な目的がある。その多くは、被害者側に対する「恨み」である。「恨み」によって確定的殺意を生じ、逮捕覚悟で殺害に及ぶという典型的な殺人事件の場合、殺害に成功すればその「恨み」を晴らすことになる。そうならないよう犯行で受傷した被害者の救命行為が行われるが、そのかいもなく被害者が死亡した場合には、犯人の目的は、完全に達せられることになる。

しかし、そのような殺人犯の犯罪の目的が達成されれば、当然の報いとして「犯罪の結果」に相応する厳正な刑事処分が行われる。刑事裁判が行われて、情状に応じた刑罰を科す判決が下され、その中で、「怨恨による確定的殺意に基づく計画的殺人」に対しては、特に厳しい処罰が行われる。犯人は、死刑に処せられることもあり得るし、長期間、場合によっては一生服役することになる。それによって、犯人の再犯を防ぐだけでなく、同種の犯罪を抑止する「一般予防」も図られるというのが、刑罰権の発動によって犯罪を抑止する国家の基本的作用だ。

それゆえ、恨みによる殺人事件が起き、その結果、犯人の恨みが晴らされ目的が達成されたからと言って、それを契機に、他人に恨みを持つ人間が次々と殺人事件を起こすわけでもないし、ただちに同種の行為、模倣犯が誘発されることにはならない。通常、事件の報道において、怨恨が動機であることの報道が差し控えられることもない。

事件の捜査の中では、そのような動機の要因となった事実が実際にあったのかどうか、動機の裏付け捜査が行われる。公開の法廷で行われる刑事裁判で、その捜査結果が検察官立証の中で公にされる。弁護人にとっても、殺人事件の動機は「重要な情状事実」なので、被疑者・被告人から十分に話を聞いて、弁護人立証を行うことになる。

社会の耳目を集める事件であれば、犯行動機に関連する事実、被害者に関する事実について、詳細な報道が行われることが多い。犯行動機につながった被害者側の行動がセンセーショナルに報道され、それが過熱することもある。それは、時に、死者の名誉を害し、犯人にとっては犯行の目的実現を一層高めることになるが、それが「犯人の思う壺」だと言って、報道が差し控えられることはない。

全く通用しない論理

殺人の動機となった「恨み」が、被害者個人ではなく、被害者が所属する、或いは関連する組織に対して向けられたものである場合、構図は若干複雑になる。その場合、「恨みを晴らす」という動機の中に、当該組織の悪事を「告発」し、その事実を社会に晒《さら》すことが含まれることもある。

この場合、まず問題となるのは、犯人が「組織に対する恨み」を抱くに至った事情、その恨みを逮捕・処罰を覚悟してまで晴らしたい、当該組織の問題を社会に明らかにしたいと思うだけの「組織側の悪事」が実際にあるのかどうかである。そして、もう一つ重要なことは、そのような「組織に対する恨み」が、なぜ被害者「個人」への殺意に向かったのか、それが、了解可能なものなのかという点である。

それらは、犯行動機に関する重要事実として当該事件の刑事裁判で認定されることになるので、捜査の段階でも十分な証拠収集、事実解明が行われる。社会の耳目を集める事件であれば、それらの点に関して、様々な方法で取材が行われ、裁判で明らかになる事実を先取りする形で報道が行われることになる。

山上容疑者は、旧統一教会という組織に対して恨みを抱き、最も影響力の大きい「旧統一教会の関係者」である安倍元首相を殺害することによって、旧統一教会に対する恨みを晴らし、その悪事を社会に晒したいという目的で犯行に及んだとされている。

そのような山上容疑者の犯行動機に関する供述を裏付ける事実があるのかどうか、つまり、「旧統一教会」側に山上容疑者自身やその家族に対する「悪事」が実際にあったのか、それがどの程度のものだったのか、捜査によって解明が進められる。また、そのような「旧統一教会への恨み」を安倍元首相に向けた理由が了解可能なのか、合理性があるのかについても、鑑定留置によって、山上容疑者の精神状態について精神医学に基づく分析が行われる。

犯行動機に関する裏付け捜査として、山上容疑者の「旧統一教会への恨み」の原因となった、「母親が旧統一教会にのめり込んで破産し、家庭が崩壊した事実」が確認される。事件の背景として、正体を隠した信者勧誘や家庭を崩壊させるような多額の献金という「反社会性の問題」も重要となる。事件をきっかけに、それらが、犯行動機に関する事実として報道されるのは当然だと言えよう。

山上容疑者の殺意が安倍元首相に向かった原因については、国会議員が旧統一教会のイベントに参加したり祝電を送ったりすることで、そのような団体に「お墨付き」を与え、入信の勧誘や信者への献金要請をやりやすくしている事実があることに加え、安倍氏が、UPFの国際イベントでリモート演説をしたことが、山上容疑者の安倍氏への殺意につながったとされていた。

そのような安倍氏の行動が旧統一教会に「お墨付き」を与える絶大な効果があったとすれば、殺害の動機に関する重要事実であり、その背景にあった旧統一教会と安倍氏との関係も、安倍氏に殺意を向けたことの裏付け捜査の対象となる。これらが事件の捜査で解明されていくだけでなく、それらに関連する事実が、社会の関心事として報道されるのも、事件の社会的・政治的重大性を考えれば当然のことだった。

「犯人の思う壺」論は、社会の関心を旧統一教会の反社会性と、政権与党である自民党議員と旧統一教会との関係に向けようとする「告発的動機」の目的が達成されることを問題にしているように思えるが、実際に山上容疑者がそのような意図を持っていたかどうかは不明だ。仮に、そのような意図を持っていて、意図するとおりの結果になったからと言って、犯行自体が正当化されるわけではないし、処罰が軽減されるわけでもない。問題は、山上容疑者が行った「告発」を、社会がどう受け止め、どう扱うか、それらについてどう判断すべきかということだ。

旧統一教会の欺罔《ぎもう》的な入信勧誘や多額の献金要請などが反社会的なものとして報じられることや、自民党議員への選挙協力などの報道内容が事実に反しているとか、評価が間違っているというのであれば、誤りを指摘し、反論すればよいことだ。旧統一教会と国会議員との関係を取り上げること自体が、山上容疑者の意図を実現し、「犯人の思う壺」になるなどとして、差し控える理由は全くなかった。

「犯人の思う壺」論は、全く通用しないものなのだが、旧統一教会問題で、自民党議員や安倍氏自身と教団との関与が具体的に指摘され、自民党や岸田政権に対する批判が高まる中で、それを抑えようとする唯一の理屈とされた。自民党や安倍支持者側、それを支持する論者の中で、根強く主張され続けたのである。

「国葬」をめぐる「二極化」

2022年7月22日、参議院選挙の応援演説中に銃撃され亡くなった安倍元首相の「国葬」について、9月27日に東京・日本武道館で行うことが閣議決定された。

これに対して、日本共産党・れいわ新選組・社民党などがただちに反対を表明したほか、当初、決定の経緯や予算について国会で説明すべきだとしていた立憲民主党も、泉健太代表が反対を明言した。世論調査では、安倍氏銃撃事件から数日後、岸田首相が国葬を実施する方針を明らかにした時点では、国葬に賛成する意見が、反対する意見を上回っていたが、その後、反対意見が賛成意見を上回るようになった。

この「安倍元首相国葬の実施の是非」については、「安倍氏の国葬を実施すべきか否か」という実質面の問題と、法律上の問題、すなわち、国葬を行うことが法律上可能かという問題の二つがあった。前者は、安倍元首相の国葬を実施することが妥当なのか、適切な判断と言えるのか、それは、安倍氏を元首相としてどう評価するかの問題だった。

もともと、第二次安倍政権時代に、安倍支持派と反安倍派とが「二極化」し、対立が深まっていたのであるから、その安倍氏の政治家としての評価が問われる「国葬実施の是非」についても意見が対立し、全く話が噛み合わないのは当然であった。

後者は「法律上の問題」なので、それは、関連する法律を適切に法解釈することで結論が導ける問題であり、本来「対立」が生じることはあり得ないはずだった。しかし、実際には、岸田首相が政治的意図から、「法令上の根拠」になり得ない内閣府設置法という法律を持ち出して、「国葬儀」の実施を根拠づけようとしたために、その当否をめぐって激しい対立が生じることになった。

岸田首相が挙げた実施の理由

安倍元首相の「国葬」を実施すべきかどうかという国葬実施の理由に関する意見対立は、政治家としての安倍氏をどう評価するかに関わる問題だった。

その点に関して重要だったのが、吉田茂元首相が「国葬」であり、佐藤栄作元首相が「国葬」ではなく「国民葬」であったこととの比較だった。

国内経済の繁栄を築き、退任後は日本人として初めてのノーベル平和賞を受けた佐藤元首相だったが、退陣後3年で死亡、退陣後13年保守政界の大御所となっていた吉田元首相ほどに歴史的評価が定着していないことが、「国葬」見送りの理由とされた。

安倍氏が、8年近くの首相在任中に、内政、外交両面にわたって多くの業績を残したことは間違いないとしても、その賛否をめぐっては国民の間に意見対立があった。佐藤元首相について国葬が行われていないこととの比較で、安倍元首相の功績が、「国葬」を行うことに違和感を持たれないと言えるだけのものかどうかは疑問だった。

安倍氏殺害事件後、いち早く「国葬実施」の方針を打ち出した岸田首相が、その実質的な理由として挙げたのは、以下の4点だった。

（1）民主主義の根幹たる国政選挙において、6回にわたり国民の信任を得ながら、憲政史上最長の8年8か月にわたり、内閣総理大臣の重責を担ったこと
（2）東日本大震災からの復興、日本経済の再生、外交などで大きな実績を残したこと
（3）各国で様々な形で、国全体を巻き込んでの敬意と弔意が表明されていること
（4）民主主義の根幹たる選挙運動中での非業の死であること

しかし、これらは、いずれも、安倍氏の国葬を実施すべきとする論拠としては薄弱だった。

（1）の「史上最長の在任期間」は、唯一の「客観的事実」だが、それを理由にするのであれば、当時、史上最長の在任期間で、ノーベル平和賞も受賞していた佐藤元首相が「国民葬」であったこととの比較が問題となる。その点についての説明が困難であることは、

明らかだった。

安倍氏が自民党総裁として、6回の国政選挙で勝利したことはそのとおりであるとしても、問題は、それらの選挙において安倍氏が用いた手法だった。

安倍氏は、選挙に勝つことに極端にこだわり、国会で多数を占めることで政権基盤を安定させるというやり方が特徴だった。

自民党から政権を奪取し、3年余にわたって政権を担当した民主党が、国民の期待を裏切る形で政権を失ったことを「悪夢の民主党政権」と表現して「民主党に政権を担当させることの愚かさ」を強調した。「衆議院の解散は首相の専権だ」として、民意を問うべき事項、「解散の大義」の有無などは意に介さず、選挙で勝つために最も都合の良い時期に解散のタイミングを設定し（この点には、憲法解釈上の疑義がある。拙稿《現時点での衆議院解散は憲法上重大な問題》2014年11月17日、ハフポスト）、実際に、国政選挙ではすべて圧勝して、政権基盤を強固なものとした。

しかも、安倍氏銃撃事件を契機に社会問題化した「旧統一教会と自民党との関係」に関して、安倍氏自身がその中心にいて票の差配まで行っていたとの元自民党議員の証言もあった。特に参議院選挙では、旧統一教会の選挙応援が自民党の勝利に相当程度貢献していた可能性が指摘されていた。その疑いが払拭《ふっしょく》されていないのに、「史上最長の首相在任期間」を「国葬」実施の理由とすることには疑問があった。

（2）の「実績」については、国民の間で評価が分かれていた。外交面では、日米豪印4か国（QUAD）首脳会合を実現するなどの成果を残したが、一方で、ウクライナ侵攻で国際的批判を受けることとなったロシアのプーチン大統領との親交を深めることにも積極的だった。このような外交上の成果も、国内での政治基盤が安定していたからこそ可能になったものだったが、そのための政治手法は、集団的自衛権を容認する「解釈改憲」、安全保障法制、特定秘密保護法、共謀罪など、国論を二分するような問題でも、批判に対しては、国会での圧倒的多数を占めていることを最大限に活用し「政治権力」で押し切る、という強引なものだった。「日本経済の再生」に関しては、安倍氏が主導した経済政策「アベノミクス」が、急激な円安による物価高をもたらす一方で、実質賃金は上がらず、経済政策として成功と言えるかどうか、国民の間の評価は賛否が分かれていた。

（4）の「選挙運動中での非業の死」というのも、銃撃事件の発生当初は、「政治目的のテロ」「言論弾圧」「民主主義への挑戦」というように言われていたが、その後、殺害の動機は、逮捕された山上容疑者の旧統一教会への恨みが、旧統一教会の関連団体の国際イベントにリモート登壇した安倍氏に向かったことによるものとされ、事件の性格は当初の認識とは大きく異なるものになっていた。「民主主義を守り抜くという決意を示すための国葬」という理由づけは大きく後退していた。

そこで、岸田首相が強調したのが（3）の「各国からの敬意と弔意」だった。通常、警備上の理由から葬儀実施の直前にしか公表しない「参列予定の外国要人名」を早い時期に公表したのも、この理由を強調するためであろう。しかし、各国の弔意は、事件直後、「政治目的のテロ」「言論弾圧」のように海外に報じられたことが影響しているものと考えられた。外国からの弔意表明に「日本国民全体に対しての哀悼の意」が添えられているのは儀礼上のものであり、そのようなことを国葬の理由として持ち出さざるを得ないのは、実施の理由の説明に事欠いていることの表れだった。

安倍支持派側からは、成し遂げた内政・外交両面の成果が高く評価され、「安倍元首相を国葬で弔うのが当然」ということになる。一方の反安倍派側からすると、安倍氏の政策自体が、貧富の格差を拡大することで社会の一部に絶望的な貧困を生じさせたこと、その政治姿勢が挑発的態度をとって説明責任を拒否し、或いははぐらかすものであったことに加え、国会で多数回虚偽答弁し、その訂正でも更に虚偽を重ねたことなど、安倍氏の「国葬」に反対する理由は多数あった。

「法令上の根拠」をめぐる対立

岸田首相が挙げる上記（1）～（4）が、安倍氏の国葬を実施すべき理由として十分なものではないことに加え、旧統一教会問題での安倍氏への批判もあって、世論調査でも国葬への反対意見が優勢になっていった。しかしそれでも、岸田首相は国葬実施の方針を変える様子は全くなかった。

そうした中で、野党など国葬に反対する勢力からは、国会に諮《はか》ることなく国葬の実施を決めたという決定の経過の問題に加えて、「国葬を行う法的根拠がない」という点が、当初から反対意見の有力な根拠とされた。元首相の国葬の実施が「違法」だから、「法令遵守上」政府は国葬実施ができない、と主張するものだった。それを理由に、国葬差し止めの訴訟も提起された。

一方、岸田首相は、「国葬実施には法令上の根拠があること」を強調し、「『法令上の根拠』に基づいて内閣が国葬実施を閣議決定したのだから、国葬実施は当然」という理屈で、押し切ろうとした。

「国会が全く関わることなく、内閣だけで勝手に国葬実施を決定した」という点が国葬反対の理由とされていたため、「国会も関わって制定された『法律』で、国葬実施を認めている」ということを、国葬反対論に対抗する根拠にしようとしたのか、岸田首相は、「法令上の根拠」にこだわり、国会答弁などで、国葬実施の法的根拠に関して、「内閣府設置法」を持ち出した。しかし、国葬実施の法的根拠についての政府の正式な答弁書では、その点が、「法令上の根拠」として明確に述べられているわけではなかった。

後述するように、政府方針に肯定的な読売・産経新聞では、そのような岸田首相の説明を裏付ける「内閣府設置法の逐条《ちくじょう》解説」の存在が明らかになったなどとする記事を掲載し、安倍支持者側は、それを根拠に、「国葬に法令上の根拠がないとする国葬反対論は、フェイクだった」などとSNS上などで騒ぎ立てた。

こうして、安倍氏の国葬についての賛成派と反対派の対立は、「法令上の根拠」の有無をめぐる議論、つまり「法令遵守」上の議論という形で、極端になっていったのである。

しかし、このような議論は全く不毛であり、殆ど無意味なものだった。

「国葬違法論」自体は無理筋の主張であり、安倍氏の国葬実施が「違法」だとしても、司法上の手段で差し止めることは困難だった。それは、内閣の「行政権の行使」として「国主催の葬儀」を行い得ることは否定できないからだった。

しかし、一方の「国葬に法令上の根拠がある」とする主張も無理筋だった。

現在、国葬の実施を認める「具体的な法令上の根拠」は存在しないが、内閣の行政権の行使として、内閣の責任で実施するというのであれば、違法とは言い難い。国葬実施について、「法的根拠がない」ということではないが、「法令上の根拠がある」という主張も正しくなかった。

それが、国葬反対派の「違法」だという主張と国葬賛成派の「法令上の根拠がある」との主張との間で、激しい対立が生じ、全く嚙み合わない事態につながった。

現行法での実施は可能なのか

国葬は、国家が喪主となって執り行う葬儀のことであり、すべて国費負担のため、財源は国家予算になる。戦前は、明治天皇・大正天皇、初代内閣総理大臣の伊藤博文、軍人では東郷平八郎らの国葬が行われた。

戦前の国葬は、天皇・皇族の葬儀のほか「國家ニ偉功《いこう》アル者薨去《こうきょ》又ハ死亡シタルトキハ特旨ニ依リ國葬ヲ賜フコトアルヘシ」として、国家に優れた功績があった者の国葬を行い得ることを定める「国葬令」に基づくものだった。

国葬令は、天皇・皇族の葬儀と同様の「国葬」を、「國家ニ偉功アル者」についても行えることとし、「皇族ニ非サル者國葬ノ場合ニ於テハ喪儀ヲ行フ当日廢朝《はいちょう》シ國民喪ヲ服ス」との規定により、国葬の当日は、天皇は朝《ちょう》務《む》に臨まないとし、国民は喪に服すものとされていた。

この国葬令は、「日本国憲法施行の際現に効力を有する命令の規定の効力等に関する法律」が1947年4月18日に公布され、日本国憲法とともに同年5月3日に施行されたことに伴い、同年12月31日限りで失効した。

国葬令を廃止した法律は、大日本帝国憲法下で出された命令について、日本国憲法施行後における効力を一律に廃止したものであり、「国葬」を特に否定する趣旨ではないが、少なくとも、戦前に行われていたような、天皇・皇族の葬儀と同等の儀式で、当日、国民が喪に服するような「国葬」を行うためには、そのための法的根拠が新たに必要である。

憲法7条が定める天皇の国事行為の一つに「儀式を行うこと」があり、皇室典範で天皇崩御の際の「大喪の礼」等が規定されている。それと同様に、「国に偉大な功績を残した者」に対する国葬を行うためには、それを定める法律が制定されることが必要である。国葬令が廃止され、それに代わる法律が制定されていない以上、そのような「国葬」を行うことはできないということになる。

しかし、戦前の国葬令によるのと同様の「国葬」を行い得ないとしても、内閣の権限と判断で、「国が喪主となる葬儀」を行うことができるか否かは別の問題だ。現に、全国戦没者追悼式、東日本大震災追悼式等は「国の主催で行われる儀式」であるが、これらについては格別の法的根拠はなく、内閣の権限と判断で行われている。それと同様の儀式として「国が喪主となる葬儀」が行い得るか否かという問題である。

内閣府設置法は「法令上の根拠」か

戦前、国葬の「法律上の根拠」であった「国葬令」が廃止され、それに代わる法律がない以上、「国葬儀」を実施するとすれば、内閣の固有の「行政権の行使」として内閣の政治責任において行うしかない。それは、具体的な法令上の根拠に基づくものではないはずだ。ところが、岸田首相は、閉会中審査で、立憲民主党の泉健太代表の質問に答えて、次のように答弁した。

今回の国葬儀につきましては、内閣府設置法および閣議決定を根拠として実施することを決定させていただいたと説明をさせていただいております。こうした国葬儀、立法権に属するのか、司法権に属するのか、行政権に属するのか、判断した場合に、これは間違いなく、行政権に属するものであると認識をしています。そしてそれは、内閣府設置法第4条第3項に記載されている、こうしたことからも明らかであると認識をしております。

岸田首相は、内閣府設置法4条3項が、あたかも「法令上の根拠」であるかのように説明した。

しかし、そもそも、内閣府設置法というのは、「内閣府」の「任務」を「内閣の重要政策に関する内閣の事務を助けること」等と定め、その任務を達成するため「所掌《しょしょう》事務」を定めているものであり、「内閣の権限」を定めているものではない。内閣府設置法が、閣議決定によって国葬儀を行う「根拠」になるものではなかった。

政府答弁書と異なる見解

2022年8月15日には、「国葬」に関するいくつかの質問主意書に対する内閣の答弁書が提出されているが、浜田聡参議院議員の「吉田茂元総理の国葬儀について、『国葬儀につきましては、御承知のように法令の根拠はございません』との当時の政府見解に変更はないか」の質問に対しての答弁書では、

　現在までに国葬儀について規定した法律はないが、いずれにせよ、閣議決定を根拠として国の儀式である国葬儀を行うことは、国の儀式を内閣が行うことは行政権の作

用に含まれること、内閣府設置法第四条第三項第三十三号において内閣府の所掌事務として国の儀式に関する事務に関することが明記されており、国葬儀を含む国の儀式を行うことが行政権の作用に含まれることが法律上明確となっていること等から、可能であると考えている。

としている。

そして、このような「見解」について、江田憲司衆議院議員の「内閣法制局も同様の見解か」との質問に対して、答弁書では、

内閣法制局においては、内閣官房及び内閣府から、「上記見解」について、意見を求められたことから、これに対し、所要の検討を行った上、意見はない旨の回答をしたところである。

と答えている。

これらの「政府答弁書」に記載された「見解」が、正式な「政府見解」である。

それは、以下のように整理できる。

①国葬儀について、「法令上の根拠」はないが、閣議決定を根拠として「国の儀式」として「内閣の行政権」に含まれる
②内閣府設置法に「内閣府の所掌事務」として、「国の儀式に関する事務」が明記されている
③（②から）「国葬儀を含む国の儀式を行うことが行政権の作用に含まれること」が法律上明確となっている
④これらから、「閣議決定により国葬儀を実施することが可能」と考えている

政府としては、上記のように「考えている」として、そのような見解について、内閣法制局に検討をさせたところ、「意見はない」と回答したということである。

上記のうち①は、行政権の性格上、特に問題ないと言えるし、②は、法律の条文そのものであり、特に異論はない。問題は、③である。「国の儀式」が行政権の作用に含まれることには異論がない。しかし、それが「国葬儀を含む」のかどうかは別の問題だ。そこには、もう一つの「法解釈問題」がある。

それは、憲法7条で天皇が内閣の助言と承認によって行う「国事行為」としての「儀

式」以外に、「国の儀式」というのがあり得るのか、という問題だ。それが否定されるとすると、内閣府設置法の「国の儀式」には「国葬儀」は含まれないことになる。

その点は、少なくとも、内閣府設置法では法律上明確になってはいない。その点については、内閣の行政権として行い得るか否かについての「内閣の判断」の問題だ。

戦前の「国葬令」が廃止され、国民主権の憲法の下では、「国葬」そのものが行い得ない、という考え方もあり得る。しかし、吉田国葬のように、内閣として、それを行い得ると考え、実際に実施することになる場合もある。

現内閣としては、この「国葬儀」が行政権の行使として行い得ると「考えた」のであり、それについて、内閣法制局は、「そのように判断するのであれば、その結論には特に法律上問題があるとは言えない」という意味で「意見がない」ということなのである。

ところが、岸田首相は閉会中審査で、「内閣府設置法及び閣議決定を根拠に実施を決定した」などと、内閣府設置法が「国葬儀」を行い得る「法令上の根拠」の一つであるかのように答弁した。これは、政府答弁書の「政府見解」とは異なる。

もし、国会での内閣府設置法の法案審議において、「国の儀式」の中には、天皇の国事行為以外の「儀式」があり「国葬儀」も含まれる、という説明が行われた上で可決成立したのであれば、「国葬儀」を閣議決定で行い得ることを国会が認めたとみる余地もある。

しかし、中央省庁再編の一環として内閣府が設置される際に、内閣府設置法が国会に提出され成立した1999年の法案審議で、「国の儀式」について説明や審議が行われたことは全くなかった。

結局のところ、「国葬儀」を行うとすれば、行政権の行使として内閣の政治責任において実施するしかない。それなのに、岸田首相が、「所掌事務」についての規定に過ぎない内閣府設置法を持ち出しているのは、「国葬儀」に「法律上の根拠があるように見せかけ」、「国葬儀が実施できる」との判断に国会も関わっているような話にしようとしているとしか思えなかった。

読売・産経記事のミスリーディング

2022年9月8日の閉会中審査で岸田首相は「内閣府設置法が国葬実施の根拠になる」と説明したが、もともと「無理筋」であり、苦しい状況に追い込まれていた。そういうタイミングで、内閣府の「内部文書」に基づき、内閣府設置法4条3項の「国の儀式」に「国葬儀」が含まれるとして、上記の岸田首相の答弁を裏付けようとしたのが、読売新聞《「国の儀式」に国葬想定　内閣府設置法　法解釈　2000年文書に明記》（9月6日）と産経新聞《国葬「国の儀式」規定》（9月13日、ネット版は9月12日）の2つの記事だった。内閣府の「内部文書」で内閣府設置法が「国葬儀」の法的根拠であることが明確になったかのように報じたが、その「内部文書」というのは、「国葬儀」の法的根拠を明らかにするようなものではなく、これらの記事はミスリーディングだった。

いずれの記事も、2000年4月に政府の中央省庁等改革推進本部事務局内閣班が作成した「内閣府設置法コンメンタール（逐条解説）」と題する「内部文書」で、同法4条で所掌事務に挙げる「国の儀式」には「天皇の国事行為として憲法が定める儀式」のほかに、閣議決定で「国の儀式」に位置づけられた儀式があるとし、後者の例として、『故吉田茂元総理の国葬儀』が含まれる」と記載されていると報じている。

ただ、その内部文書が存在していることの意味づけが、両記事で異なる。

読売記事は、「安倍晋三・元首相の国葬実施が決まる前から、政府の法解釈が維持されていることを示すものだ」と述べた上で、その「政府の法解釈」について

> 政府は、国民の権利を制約したり国民に義務を課したりする行政活動でなければ法律上の根拠は不要なので、「内閣は国葬儀を実施できる」などと具体的に定める法律までは必要なく、法的根拠としては閣議決定と同設置法で十分だとしている。
> 国葬を内閣府に担当させる根拠法が同設置法になるという理屈だ。

などと述べている。「法的根拠としては閣議決定と同設置法で十分」としている点は、岸田首相の不正確な答弁を前提にしていると思える。書かれていることに大きな誤りはないが、「内部文書」によって「閣議決定による国葬儀」が根拠づけられたかのような印象を与える内容となっている。

一方、産経記事は、前文で、「岸田首相は、『行政権の範囲』と説明しているが」とした上で、

　政府は今回の国葬を実施するに当たり、同法4条を根拠として閣議決定した。内部文書は、国葬の実施を「行政権の範囲」と明示しており、首相の説明が改めて裏付けられたと言える。

などと述べている。

「国葬儀」が「行政権」の範囲であり、さらに、内閣府設置法4条によっても、閣議決定での「国葬儀」の実施が根拠づけられているかのように述べ、岸田首相の説明が、内部文書によって全面的に裏付けられたかのように結論づけている。

これらの記事は、「国葬儀を行う法的根拠がない」との野党側の主張に対する批判でもあり、国葬賛成論者による国葬反対派批判の材料にもされた。

ネット上では、これらの記事を真に受けて、内部文書によって、国会の関与なしに国葬儀を閣議決定で行えることが法的に根拠づけられたかのようなことを述べる論者もいた。

繰り返される負の構図

そこで、「国葬儀」について法的根拠の問題を指摘する野党としても、両記事が報じる「内部文書」の内容や、その趣旨について確認する必要があるのではないかと、原口一博衆議院議員（元総務大臣）に提案したところ、同議員が、内閣府の担当を呼んで内部文書の提示と説明を求めることになったので、私も同席した。

その結果、同内部文書の内容が把握でき、その趣旨について内閣府としての説明も確認することができた。

内部文書では、内閣府設置法4条3項の「国の儀式」について、

憲法7条第10号に規定する「儀式」その他閣議決定により「国の儀式」として位置づけられた「儀式」をいう。憲法7条第10号に規定する「儀式」としては、例えば

「即位の礼」、その他閣議決定により「国の儀式」として位置づけられた「儀式」としては、「故吉田茂元総理の国葬儀」が含まれる。

（中略）

内閣府においても、内閣の元で、総理府と同様の機能を担うものである。

また、「故吉田元総理の国葬儀」についても、内閣の下で、総理府が一定の関与を行っており、内閣府において同様の機能を担うものである。

とされている。

これについての内閣府担当官の説明は、「内閣府設置法は、中央省庁再編によって内閣府が設置された際に、内閣府の所掌事務を定めた法律である。「国の儀式」については、憲法7条の国事行為に関する事務を所掌するほか、吉田元総理の国葬儀が行われた際、その事務を総理府が担当した実績があることから、そのような儀式が仮に行われるとすれば、今後は内閣府が担当することになる、ということを述べているのであり、国事行為以外に閣議決定によって「国の儀式」が行われることの根拠となるものではない」というものであった。

そして、公刊されていない「内部文書」のマスコミへの提供の経緯については、「文書の存在について、どこから知ったのかはわからないが、読売・産経・朝日の3紙から提供の要請があり、行政文書として開示対象になるものなので、提供し、電話で質問に答えた」との説明だった。

先述の浜田聡参議院議員が8月15日に提出した質問主意書で「宮内庁法規定儀式及び憲法規定儀式を除いた国の儀式」について尋ねたのに対して、答弁書では、「昭和四十二年十月三十一日に行われた故吉田茂国葬儀のみである」と回答しており、閣議決定によって行われた「国の儀式」があるとしても、吉田国葬儀だけであることを政府も認めている。

「所掌事務」を定めた内閣府設置法の性格上、吉田国葬が「国の儀式」として法律上行えるか否かは別として、それを行った「行政実例」がある以上、仮に将来同様の「国葬儀」が行われる場合には、それをどこの省庁の所掌とするか、ということに関して、「総理府が担っていた機能を、内閣府が担う」として、内閣府の事務分掌であることを規定しているに過ぎないのである。

内閣府担当官が説明するように、内閣府設置法に関する内部文書が、「国葬儀」を閣議決定で行い得ることの根拠を示すような文書ではないことは明らかだ。

内閣府設置法などという「法的根拠」になり得ない法律を持ち出していくら誤魔化そうとしても、実際には、「法令上の根拠」はないというのが厳然たる事実であり、結局のところ、「内閣の行政権の行使として行う」ということでしかないのである。

読売・産経記事は、「内部文書」を、実際とは異なった趣旨で報じるものだった。それによって、「国葬儀」の「法令上の根拠」にはならない内閣府設置法が、あたかも法令上の根拠であるように印象づけるミスリーディングな内容だった。特に《内部文書は、国葬の実施を「行政権の範囲」と明示しており》とまで書いた産経記事は、誤報と言えるものだった。

「二極対立」の局面で、新聞が誤った記事で政府側を支援するという構図は、加計学園問題の際の読売新聞の「前川批判記事」と同じ構図だった。

「法令上の根拠」の「偽装」

1967年の吉田茂元首相の「国葬」も、閣議決定で行われ、正式には「国葬儀」と称されたが、この時は、現在の内閣府に相当する総理府の「設置法」などは全く持ち出されていない。総理府設置法には、総理府の所掌事務として「国の儀式」に関する明文はなく、「前各号に掲げるものの外、他の行政機関に属しない事項及び条約、法律又は命令に基き総理府に属せしめられた行政事務を行うこと」という規定により、所掌の範囲内と解されたものと考えられる。このことからも、内閣府設置法の規定を根拠として持ち出すのは、吉田元首相の「国葬儀」の際の政府の考え方とも異なるのである。

岸田首相が、「国葬儀」について内閣府設置法を持ち出したのは、「法的根拠がない」との批判に対して、「法令上の根拠」があるように「偽装」するためのものに過ぎなかった。

岸田首相は、「国葬儀、立法権に属するのか、司法権に属するのか、行政権に属するのか、判断した場合に、これは間違いなく、行政権に属する」と言っているが、それは、「国葬儀を実施するとすれば、司法や立法ではなく行政において行うもの」という「儀式の実施」の問題である。しかし、問題になっているのは、今回「国葬」と称するものを、内閣という行政だけで決定できるのか、ということであり、それはまさしく「国葬を行うか否かの決定」の問題である。

これについては、例えば、「国葬法」という法律を国会が定めて、「在任期間何年以上の総理大臣経験者については国葬を行う」と規定していれば、その「立法」により、国葬が「決定」される。また、国葬が実施されようとした時に、憲法違反だとしてその差し止め訴訟が提起され、差し止めるとの判決が最高裁で確定した場合には、国葬を行わないことを「司法」が「決定」したことになる。

岸田首相の説明は、「儀式の実施」と「儀式の決定」とを敢《あ》えて混同させようとするものだった。

国が行う儀式として「戦没者追悼式」「東日本大震災追悼式」などがあるが、これらは、いずれも「内閣の行う儀式」である。「国事行為としての儀式」以外の「国主催の儀式」というのは、「内閣の行う儀式」と解するべきだ。

内閣の行政権の行使として「儀式」を行うことはできるが、それは「内閣が行う儀式」であり、「国の儀式」としての「国葬」とは異なる。戦前の「国葬令に基づく国葬」とは異なり、「国葬儀」と称して内閣の決定だけで行った吉田元首相の「国葬」に対しても強い批判があったり、その後の佐藤元首相については「国民葬」、それ以外の元首相については「内閣・自民党合同葬」で行われている。そのような経緯からも、内閣として行い得るのは、法的には「内閣葬」に過ぎないという理解が常識的だった。

岸田首相が言うところの「安倍元首相の国葬儀」は、「内閣葬」を「国葬儀」と称し、あたかも「国葬」であるように偽装したということなのである。

「内閣葬」を「国葬」と偽装したことによる混乱

安倍元首相の追悼を、「内閣の行う儀式」としての「内閣葬」で行うということであれば、国民の理解は遙かに容易だったはずなのに、それを、敢えて「国葬儀」と称して「国葬」のように偽装したのは、「安倍元首相の国葬」を切望する安倍支持者、とりわけ、自民党安倍派の意向に沿うことで政権維持を図ろうとする政治的理由によるものとしか考えられなかった。そのために、一般的に「偽装」と称される行為がそうであるように、多くの点で矛盾を来し、その実施をめぐって混乱を生じさせた。

その最たるものが、国民に弔意を求めることに関する曖昧な説明による混乱だった。戦前の国葬令では「当日廢朝シ國民喪ヲ服ス」と規定され、国民は国葬当日喪に服すものとされていたが、国葬令は失効し、国民服喪の法的根拠も喪失した。

戦後行われた吉田元首相の「国葬」、佐藤元首相の「国民葬」等について、整理分析した前田修輔氏の論考「戦後日本の公葬　国葬の変容を中心として」によれば、「吉田国葬では、①弔旗掲揚、②黙とう実施、③当日の半休、④公式行事・儀式等の自粛、の四点を閣議了解による政府の方針とし、一般においても同様の方法による弔意表明の実施を要望することとなった。（中略）③に関しては、国家・地方公務員は可能な限り、国公立の学校については文部省と協議の上、加えて民間にも要請するというものであった。この方針により国公立の学校は午後休校の措置が採られている」。また④に関連して、「『公の行事、儀式その他歌舞音曲《かぶおんぎょく》を伴う行事はさしひかえること』という閣議了解に続き、国葬儀委員会が『国民各位へのお願い』にて、官庁に準じ歌舞音曲の自粛を『期待』する旨を発表している」

佐藤国民葬においても、③と④が削除され、①と②が「閣議了解を経て各省庁の長等に通知されるとともに、国民にも協力が要請された」とのことだ。

安倍元首相の「国葬儀」について、2022年9月8日の閉会中審査では、松野博一官房長官が「吉田元総理の国葬儀」のように、弔意表明を行う閣議了解や、地方自治体や教育委員会等の関係機関に対する弔意表明の協力の要望を行うこともしないと答弁。岸田首相は、8月31日の記者会見で内閣ではなく首相としての自らの決定に基づいて、各府省で弔旗の掲揚や黙とうによる弔意の表明を行うことを明らかにした。

吉田元首相の「国葬儀」では、上記①〜④が閣議了解され、「国葬」ではなかった佐藤元首相「国民葬」においても、①弔旗掲揚、②黙とう実施については閣議了解を経ている。

ところが、今回は「国葬儀」と称しているのに、服喪についての政府の対応は、佐藤「国民葬」以下なのである。

このことからも「国葬儀」などと称して、「国葬」のように見せかけているが、実質的には、「内閣葬」に過ぎないものだったことは明らかである。

この点を、参議院の閉会中審査で追及したのが国民民主党の浜野喜史《よしふみ》議員だった。

「8月10日の総理の記者会見において『安倍元総理に対する敬意と弔意を国全体として表

す儀式』と言っていたのに、今は、『我が国として、故人に対する敬意と弔意を表す儀式』だとして、国民に共に追悼しようと呼びかけないのは『国葬儀』に相応しくないのではないか」と執拗に質問された岸田首相は、

国全体として弔意を示す。これはまず、国葬儀を行うにあたって基本であると思います。その上でその海外からの弔意の受け入れなど（中略）国として、国の儀式として行う、こうしたことが重要である。こうした認識もあり、国葬儀について決定をした。

と述べた。一方で、

ただ、弔意を強制するものなのではないかという声があるから、そうした誤解を招かないように丁寧に、手続きあるいは説明を続けていきたい、政府としても手続き、取り組みを進めている。ぜひ多くの皆さんとともに弔意を示せるような国葬儀にしていきたい。

などと述べるだけで、「弔意」について何も意味のあることは述べず、国民に弔意を求

めるのか、求めないのかすら明確にしなかった。具体的に説明すればするほど、「偽装」がバレてしまうので、説明できないのである。

玉川徹氏の訂正と謝罪

国葬への反対意見は日を追うごとに高まり、直前の世論調査でも、反対が賛成を大きく超えたが、岸田首相は、2022年9月27日、日本武道館での安倍元首相の「国葬儀」を強行した。

安倍元首相の国葬を実施する理由や、法律上の根拠等について、国民を二分する議論になっていたが、実際に葬儀が実施されると、「菅前首相の弔辞が感動的だった」「多くの人が長い列を作って一般献花に訪れた」などという話が中心になり、国葬そのものをめぐる議論は棚上げになった。

テレビ朝日「羽鳥慎一モーニングショー」のレギュラーコメンテーター玉川徹氏が、安倍元首相の国葬における菅義偉前首相の弔辞に関して、翌日の9月28日の番組で、「電通が入っていますからね」と発言した。ところが実際には、電通は国葬に一切関わっていないことが判明し「電通の関与」が真実ではなかったことについて訂正・謝罪放送が行われた。玉川氏自身も訂正・謝罪し、それに加え、10日間の謹慎処分を受け、番組関係者に対しても社内処分が行われた。

テレビ朝日がそのような対応を行ったことの背景には、自民党国会議員からの強い反発があった。「政治的圧力」をかける発言を公然と行っていたのが、自民党の西田昌司参議院議員だった。西田議員は、玉川氏の発言に関して、テレビ朝日に、菅前首相と安倍昭恵氏に謝罪するよう求めた。それは、玉川氏が、「菅氏の弔辞が他人の演出で作られた」という発言をし、それが真実ではない発言だったことで、菅氏と安倍元首相の葬儀の喪主である昭恵氏をも傷つけた、ということを前提にしていると考えられた。

しかし、玉川氏は、今回の安倍元首相の国葬も、大規模で荘厳な葬儀・儀式であり、その中で、菅前首相の「心情を吐露した」弔辞は「胸に刺さる」と評価した上で、ただ、それは、全体として「胸に響くように作られた国葬という儀式の一コマだ」という趣旨で発言したもので、映画などを含め、大規模なイベント、コンテンツの制作を行う側として一般的に行われる「演出」のことを意味していたと考えられる。「菅氏の弔辞が演出のために他人が作ったもの」という意味ではなかった。

西田議員が「菅前首相や昭恵氏への謝罪」を求めるのは、発言の趣旨を誤解し、誤った批判によってテレビ朝日に政治的圧力をかけようとするものだった。

しかも、もし玉川氏の発言を、「菅氏の弔辞が演出のために他人が作ったもの」という趣旨ととらえて、テレビ朝日に調査や訂正・取消を求めるとすれば、調査を請求できるのは、放送法9条1項により、「権利の侵害を受けた本人」又は「直接関係人」であり、菅氏本人のほか、国葬の葬儀委員長である岸田首相、あるいは、喪主の昭恵氏ということになるが、それらの人たちから、テレビ朝日に調査の請求が行われたという話はなかった。

その弔辞の作成に他人が関わったのか否かは菅氏が一番よく知っているのであり、玉川氏の発言が「菅氏の弔辞が演出のために他人が作ったもの」という趣旨と認識し、それが、真実ではないと考えるのであれば、菅氏本人が調査を請求することになるはずだ。

この点に関しては、テレビのワイドショー等に出演している政治ジャーナリストの田﨑史郎氏が、10月9日付の四国新聞のコラムで、国葬での岸田氏と菅氏の弔辞はどちらも同じスピーチライターが書いたもので、菅氏の弔辞の中の山県有朋《やまがたありとも》の歌はライターの原案段階から入っていたと明らかにしており、菅氏の弔辞が「他人が作ったもの」かどうかは、問題になるような話ではなかった。

玉川氏が、国葬に関して「政治的意図」「そういう風につくります」と言ったことが、弔辞を述べた菅氏や国葬そのものに対して「失礼だ」と言いたいのだろうが、そこには、戦前の「不敬罪」処罰のような、「国家体制に異を唱えること自体を許さない」という発想が含まれているように思えた。まさに、玉川氏が番組の中で述べていた「人の死を政治利用すること」そのものと言えるのである。

戦時下、国葬令に基づいて「国家に偉功があった」として行われたのが、「軍神」山本五十六・連合艦隊司令長官の国葬であり、まさに「国家総動員」の号令の下に、国民全体を悲惨な戦争に巻き込む手段とされた。この時、もしどこかの新聞が、「山本長官の死を政治利用しようとしている」という〝真実〟を指摘していたら、当時の日本において、その新聞や執筆者はただではすまなかったはずだ。

「国葬」は社会に何をもたらしたのか

安倍元首相の国葬は、その実施の是非について激しい意見対立があり、しかも、その議論を客観的に見れば、国葬実施に賛成し、肯定する論拠は希薄で、岸田首相の説明も凡そ議論に堪えうるものではなかった。そして、世論調査でも、国葬反対が賛成を大きく上回っていた。しかし、国葬が強行されてしまうと、そのような議論は棚上げになり、安倍元首相を失った思いを「山縣有朋の死における伊藤博文の心情」になぞらえた菅前首相の弔辞が絶賛されるなど、玉川氏が指摘するような、葬儀の「政治利用」ということも現実のものになった。

2022年12月22日、安倍元首相の「国葬儀」について、政府による有識者への意見聴取の報告書が公表された。

国葬儀実施の意義については、「大きな業績を残した総理大臣経験者に対する国の礼遇で、国民が心を合わせ故人を偲ぶということに一定の意義があった」とする肯定論の一方、「誰に弔意を表すかは個々の国民が判断すべきことで、国民の間に対立、しこりだけが残る負の遺産を生んでしまった」という否定的な意見など、各論点で両論に分かれて整理された。国葬儀の実施に当たっての法的根拠の必要性については、

- 行政権の行使であり、法律上の根拠は必要ない
- 行政権に属し、（国民の自由や権利を制限するためには、法的根拠が求められるという）侵害留保説に立てば、閣議決定で決められる
- 重要事項留保説に立っても、一度限りの儀式を行うことは法的議論として重要事項にも当たらず法律上の根拠は必要ない
- 政府による国葬儀の理解（「国葬儀とは、国の儀式として行う葬儀」）からすれば重要事項に当たる可能性は低い
- 国葬儀は民主主義社会における重要事項であり、法律の根拠を要すると解すべき

などと整理されている。いずれの意見も、現行法上は、「国葬実施について法令上の根拠はない」との前提での「法令上の根拠」を設けることの要否についての意見だ。

つまり、ここでは、内閣府設置法が国葬実施の「法令上の根拠」になるかどうかなどという話は全く出てこない。

しかし、国葬実施まで岸田首相は、繰り返し、内閣府設置法を「法令上の根拠」のように説明していたのである。

岸田首相の安倍氏国葬への対応を振り返ると、ほとんど「安倍支持者」と一体化して、その意向に沿ったものだったことは明らかだ。そして、「法令上の根拠」にこだわり、「法令に則っていること」を、批判者に対する反論の根拠にする姿勢は、安倍氏の手法そのものだったと言える。

旧統一教会問題、政治とカネ問題での相次ぐ閣僚辞任、防衛費増額のための増税発言などで、支持率が低迷している岸田政権にとって、政治基盤となっているのが、衆参両院ともに安定多数を占めていることによる「多数決で押し切る力」である。それは、安倍氏銃撃事件の影響もあって2022年7月の参議院選挙が自民党の圧勝に終わったことによるものだった。それに加えて、「安倍政治」から引き継いだのが、批判者に対して「法令遵守」を根拠に反論する手法だと見ることができる。

終章　「法令遵守と多数決」という〝病〟

「安倍晋三回顧録」の記載内容について討論が行われた衆院予算委員会＝2023年２月13日、国会内

安倍氏が用いた手法の継承

本書では、第二次安倍政権発足後、現在の岸田政権に至るまでの日本の政治の世界で起きた主要な事象において、「単純化」が進んできたプロセスについて考えてきた。

そこに共通するのは、「法令遵守と多数決ですべてが解決する」という考え方である。選挙で多数を占めたことで、法の制定も解釈も、極論すれば「好き放題に」行うことができる。それが、「法令遵守」に反しない限り何の問題もない、という考え方で正当化されると、権力者の行いを抑制するものは何もない、ということになる。

繰り返しになるが、前章までの要点を改めて確認しておきたい。

森友学園問題は、地下から大量のゴミが〝発見〟され、その処理費用をどのように見積もるかという特殊な問題が売却価格に関係した「極めて複雑な国有地売却問題」だった。

しかし、それについて国会で、最初に質問を受けた際に、安倍氏は、「私や妻が関係していたということになれば、総理大臣も国会議員も辞める」と答弁し、「自分や妻の関与の有無」という「争点」を自ら設定し、それに「政局的位置づけ」まで与えた。それによって、この問題は、「安倍首相と昭恵氏の関与の有無」に「単純化」されていくことになった。その「挑発的問題設定」を受け、野党側は「政局的追及」を行った。

それに過剰反応したのが財務省であり、佐川理財局長は、「売却に関する資料は廃棄済み」などと虚偽答弁を行い、その後、近畿財務局では、国会に提出を求められた「国有地売却に関する決裁文書の改ざん」という、議院内閣制における国会と行政の関係を根本から破壊するような違法行為まで行われた。そして、それが、純粋な公務員としての使命感や倫理観に反する「決裁文書改ざん」を実行するよう命じられた近畿財務局職員の赤木俊夫氏が自死するという誠に痛ましい事態を招いた。

このゴミが埋まっていた国有地売却に関しては、売却価格や条件が違法・不当なものではなく、「法令遵守」上問題は確認されなかった。この問題は、すべて、選挙に勝利し衆参両院で多数を占める「強大な権力者」であった安倍氏の国会答弁が招いた「単純化」によって起きた事象であった。

加計学園問題は、規制緩和と行政の対応の問題、国家戦略特区をめぐるコンプライアンスに関する議論などの重要な論点が絡み合った複雑な問題だったが、野党・マスコミの追及は、総理大臣が「腹心の友」に有利な指示・意向を示したか、という点に集中し、問題は「単純化」された。一方の安倍首相や政府・与党側の対応は、国家戦略特区における獣医学部新設の手続きが「法令に基づき適切に行われた」と説明するだけに「単純化」された。そして、全く噛み合うことのなかった議論は、最終的には、衆議院解散総選挙で、野党側が「希望の党」騒ぎで自滅し、安倍政権側が圧勝したことで、一旦収束することになった。

その後、いずれについても「第二幕」が始まるが、総選挙での圧勝で一層盤石となった「多数決の論理」で押し切ってしまった。

このような森友・加計学園問題で、「複雑な問題」が「単純化」された構図とは全く異なり、桜を見る会問題は、安倍氏側の「国主催の行事の私物化」と前夜祭での「地元有権者への『ばら撒き』」そのものが、極めて単純な「不当・違法な行為」であった。

安倍氏は、「国主催の行事の私物化」の方は、それを実行する立場の内閣府の官僚側に責任を押し付け、「法令遵守上問題がない」という従来どおりの理屈で開き直った。公選法上の違法性が否定できないはずの前夜祭問題も、明らかに虚偽とわかる答弁・説明を押し通した。そして、安倍氏が首相退任後、検察捜査で「虚偽答弁」が露呈し国会で訂正の場が設けられたが、そこでも「虚偽の説明」を繰り返した。しかし、既に元首相になっていた安倍氏への追及は極めて生温い一過性のもので終わり、安倍支持者は、第二次安倍政権下の不祥事を「モリ・カケ・サクラ」などと一括りにして軽視する姿勢をとり続け、安倍氏は自民党内での権力者の地位を保ち続けた。

結局、首相時代の「国主催の行事の私物化」と前夜祭での「地元有権者への『ばら撒き』」という単純な「不当・違法な行為」であった桜を見る会問題も、「国会で圧倒的多数を占める」という「多数決の論理」で押し切った安倍氏は、2021年の衆議院選挙が目前に迫った時期に、霊感商法、高額献金等の深刻な被害が指摘されていた旧統一教会の関連団体UPFの国際イベントへのリモート登壇という、越えてはならない一線を越えた。それが、全国弁連や旧統一教会の被害者等からの反発を招き、旧統一教会に家庭と人生を破壊されたことで憎悪を募らせていた信者の息子による銃撃事件の引き金になり、安倍氏は生命を奪われることになった。

首相退任後も自民党の実力者だった安倍氏が突然亡くなったことで、それまでの「安倍支持派」「反安倍派」の対立は一層高まり、「二極化」が進む中、殺害事件の数日後に岸田首相が実施を表明した「安倍元首相国葬」の賛否をめぐって、さらに対立が深まった。

安倍氏銃撃事件の動機が、旧統一教会への憎悪によるものだったと報じられたことを契機に、旧統一教会と自民党議員の関係、選挙応援等が問題となり、その関係の中心に安倍氏がいた疑いが指摘されるなどして、安倍氏の国葬実施の理由についての説明が困難になっていった。

岸田首相は、国民に弔意を求めず、実質的には「内閣葬」にすぎないのに、「国葬」であるように偽装したことに加えて、「内閣府設置法」という具体的法令によって国葬実施が根拠づけられている、と政府の正式答弁とも異なる説明を繰り返した。それは、国葬賛成派に「法令遵守上の根拠」を与えて、安倍支持派に寄り添うものだった。

安倍氏銃撃事件の影響もあって、2022年7月の参院選では自民党が圧勝した。国会における圧倒的多数の議席が一層不動のものとなったこともあり、「多数決の論理」と「法令遵守」で押し切るという、安倍氏の独特の手法が岸田政権に継承されたのである。

検察とマスコミの同調圧力

見過ごすことができないのは、本書で述べてきた「法令遵守と多数決」による単純化の構図は、「司法権力」である検察や「第四権力」とも言えるマスコミにも、政治権力への同調圧力を生じさせ、それが、世論形成にも少なからず影響してきた現実である。

森友学園問題での検察の動き、加計学園問題での読売新聞、そして、安倍元首相国葬問題での、読売・産経の対応は、それが端的に表れたものと言うべきであろう。

大阪地検の現場の動きとは関係なく、東京の検察ないし法務省側のリークとしか思えない経過で、「籠池氏の告発受理」が大々的に報道されたのは、当時、籠池氏を国会で証人喚問したものの、安倍氏から昭恵氏を通して100万円の寄附を受領したことについての「独演会」となり、偽証の告発を行う材料もなく、打つ手に窮していた官邸・自民党側の意向を受けて検察が安倍政権に配慮した対応だった可能性が高い。そして、籠池氏が、告発事実であった「補助金適正化法違反」ではなく、詐欺罪で逮捕・起訴されたのも、従来の検察実務からは考えられないことであり、それも、「籠池封じ」を図る官邸・自民党側の意向と無関係であったとは思えない。

このような政権ないし自民党に忖度しているような対応は、特捜部などの検察の現場にも少なからず影響したはずだ。

特捜部などの政界捜査に関して、「政治的圧力で事件がつぶれた」などという話がまことしやかに語られることがある。それが、捜査に対する「露骨な介入」の形で行われることは稀だろう。しかし、政治家に関する事件には、必ず証拠上、或いは法解釈上の問題があり、消極意見の理由には事欠かない。それを乗り越えて本格捜査に結び付けるためには現場で膨大な労力をかける必要がある。

様々なハードルを乗り越えて、本格捜査に入るかどうかという段階で、検察上層部と法務省も関わって検討が行われた結果、証拠上・法解釈上の問題が指摘され、結局、本格捜査は断念するということになると、それまでかけてきた現場の労力は無駄になる。現場の捜査指揮官にとっては、見通しが間違っていたということであり、大きな痛手となる。

捜査指揮官としては、「検察上層部と法務省も関わった検討」でゴーサインが出るかどうかの「見通し」が重要となるが、そこには、「法務・検察と政権との距離感」についての認識も影響する。

そういう意味で、社会の耳目を引く事件で、法務・検察の組織としての対応が、政権寄りではないかと思える出来事が起きると、特捜部などの捜査の現場に、「政権の意向に反する方向での捜査はやっても無駄」という認識を与え、それが現場の「空気」となって、政界捜査への消極的姿勢につながることもあり得る。

桜を見る会問題での検察捜査の動きが表面化したのは、安倍氏の首相辞任後の2020年11月のことだった。この問題についての、公職選挙法（寄附行為の禁止）違反と政治資金規正法違反（不記載）の容疑での全国の弁護士ら約660人による東京地検特捜部への告発状の提出は、その半年前の5月21日に行われていた。

公設秘書が略式命令を受けた前夜祭についての政治資金規正法違反は、2019年11月の国会で追及が始まった時点から、全く弁解の余地のないものであり、「ホテルと参加者の直接契約」などとする安倍氏の説明は、完全に崩壊していた。検察が、告発状の提出を受けた時点で、ただちに捜査に着手していれば、安倍首相は、その問題で引責辞任に追い込まれた可能性がある。証拠上・法解釈上の問題があるとは思えない事件だったが、検察は安倍氏の首相在任中には動かなかった。このような動きには、やはり現職総理大臣への配慮が働いているとみることができる。

本書冒頭の「はじめに」でも述べたように、安倍内閣においては、「選挙で多数の国民の支持を受けていること」を背景に、何か問題が指摘されると「法令に違反していない」と開き直り、そう言えない時には「閣議決定で法令解釈を変更した」として、すべての物事を問題ないことにして済ますやり方がまかり通った。

それに加えて、「法令違反」を客観的に糺《ただ》す立場の検察が、政権に忖度や配慮をするということになると、「法令遵守と多数決」による「単純化」は、まさに「完結」することになるのである。


政権への同調圧力がマスコミに働き、実際に、不当な報道が行われた典型例が、加計学園問題での前川喜平氏についての読売新聞報道だった。

安倍政権を擁護する政治的目的で、政権に打撃を与える発言をすることが予想される個人の人格非難のため、証言をでっち上げたか、事実に反することを認識しつつ印象操作を行ったものだった。しかも、そのような記事掲載は、上層部が関与して組織的に決定された疑いが強いと考えられた。このようなことが、新聞社として組織的に行われたとすると、その後の現場の取材報道の姿勢にも影響が生じることは避けられない。

安倍元首相の国葬をめぐる議論に関して、読売・産経両紙が、内閣府設置法が国葬の法令上の根拠であることを示す内部文書が存在するかのようなミスリーディングな報道を行ったことにも、新聞の報道姿勢が表れているように思える。

しかし、一方で、森友・加計学園問題について、野党側による「安倍首相の関与」に特化した追及という問題の「単純化」の方にも大きな問題があったことは、これまで述べてきたとおりだ。その背景には、マスコミによる政権追及報道も「単純化」され、問題の本質がとらえられていないということもあった。

安倍政権と野党、安倍支持者と安倍批判者の間で議論が「二極化」し、嚙み合わなかったのと同様に、マスコミ報道も、政権擁護的な読売・産経と、政権批判的な朝日・毎日・東京の間で報道姿勢が「二極化」し、それが社会の分断を一層顕著にしていった。

回顧録に表れた「事実認識の偏り」

2023年2月上旬に公刊された『安倍晋三回顧録』の中で、安倍氏は、森友・加計学園問題、桜を見る会問題について語っている。同書に記されたインタビューの経緯、状況から考えて、本人の認識を概ね率直に述べているものとみてよいであろう。

この回顧録全体に表れているのが、安倍氏の財務省に対する強い「敵意」だ。

「安倍政権を倒そうとした財務省との暗闘」との項目で、以下のように述べている。

財務省と、党の財政再建派議員がタッグを組んで、「安倍おろし」を仕掛けることを警戒していたから、増税先送りの判断は、必ず選挙とセットだったのです。そうでなければ、倒されていたかもしれません。

私は密かに疑っているのですが、森友学園の国有地売却問題は、私の足を掬うための財務省の策略の可能性がゼロではない。財務省は当初から森友側との土地取引が深刻な問題だと分かっていたはずなのです。でも、私の元には、土地取引の交渉記録など資料は届けられませんでした。森友問題は、マスコミの報道で初めて知ることが多かったのです。

安倍氏と財務省との対立は、金融緩和を中心とするアベノミクスに対して財務省が批判的だったこと、財務省が希求する消費増税に安倍氏が消極的であったことなどによって生じているもののようだ。それが、安倍氏には、「財務省は、自分を首相の座から引き摺り降ろそうとしている」という認識につながり、その延長上で、森友学園問題は「安倍おろし」のための「財務省の策略」であったと疑っていたようだ。

そして、そのような財務省に対する「敵意」は、次のような、森友学園問題についての安倍氏の話にも表れている。

私は、籠池泰典学園理事長という人物に一度も会ったことがないので、潔白だという自信があったのです。だからああいう答弁になった。昭恵が小学校設立に賛同していたのは事実ですが、そのことがなぜ私の関与に直結するのか。財務省に働きかけなんてするはずがないですよ。私の妻が賛同していることを理由に、財務省が土地代を値下げするはずもない。だから「何を言っているのか」となったのです。

（中略）

18年に国有地売却の決裁文書の改竄が明らかになりますが、財務省の佐川宣寿理財局長は17年に「政治家の関与は一切ない」「価格を提示したこと、先方からいくらで買いたいと希望があったこともない」と答弁していました。この答弁と整合性を取るために、財務省が決裁文書を書き換えてしまったのは明らかです。野党から連日追及され、財務省は本来の仕事ができないから、野党を鎮めるために改竄してしまったわけです。

正直、改竄せずにそのまま決裁文書を公表してくれれば、妻が値引きに関わっていなかったことは明らかだし、私もあらぬ疑いをかけられずに済んだわけです。官僚が安倍に忖度した、というように結論づけられてしまっていますが、財務官僚が私のことなんて気にしていなかったことは、その後、明らかになった文書からもそれは明白です。自分たちの組織を守ることを優先していたのです。

安倍氏の話からすると、森友学園問題については、以下のような認識だったようだ。

（1）森友学園への国有地売却には、自分は全く関与していない。籠池氏に会ったこともない。自分は潔白だと確信していたから、「私や妻」が「認可あるいは国有地払い下げに、一切かかわっていない」「私や妻が関係していたということになれば、総理大臣も国会議員も辞める」と答弁した

（2）佐川氏の国会での虚偽答弁は、財務省の組織を守るために行ったもので、決裁文書の改ざんも、財務省の組織を守るために行われた

（3）財務省は「安倍おろし」を画策するなど自分に敵対している組織であり、自分に忖度することはあり得ない

このような安倍氏の事実認識は、明らかに偏ったものであり、誤っている。

安倍氏は、(1)を、(2)の認識に結び付けている。つまり、自らの国会答弁が、その後、佐川理財局長の国会での虚偽答弁や決裁文書改ざんにつながったものではなく、財務省の組織としての事情で、そのような行為に及んだと語っている。

しかし、佐川氏が、「政治家の関与は一切ない」「価格を提示したこと、先方からいくらで買いたいと希望があったこともない」と事実に反する国会答弁を行ったのは、野党から厳しい追及を受けた場であり、その野党の追及は、安倍氏が「私や妻が関係していたということになれば、総理大臣も国会議員も辞める」と答弁したことによって野党側の「政局的な意図」が誘発されたものだった。

この答弁について、安倍氏は、「潔白だという自信があったから、ああいう答弁になった」と述べている。確かに、安倍氏と森友学園問題との関係がなかったという点は、その通りであろう。しかし、安倍氏には、昭恵氏と森友学園の関係を十分に把握している自信があったのだろうか。

野党は、「昭恵氏と森友学園との関係」に照準を合わせて国会での追及を行い、それに防戦する過程で、佐川氏が虚偽答弁を行い、それに整合させるよう、決裁文書の改ざんが行われた。そういう意味では、安倍氏の挑戦的な答弁が、その後の国会での野党による追及の火種になり、佐川氏の虚偽答弁につながなったことは紛れもない事実だ。

そして、籠池氏が安倍氏からの100万円の寄附を受けたと証言したが、それも、昭恵氏を通して受領したというのであり、森友学園問題すべてが、安倍晋三氏本人ではなく、昭恵氏に関わる問題だった。

安倍氏が、「自分自身は森友学園と関わっていない」「自分は潔白だ」と思っていたとしても、問題は昭恵氏と森友学園との関係だったのであり、その点の認識を欠いたまま「私や妻が関係していたということになれば、総理大臣も国会議員も辞める」と答弁したとすれば、その軽率さが、その後の一連の問題につながったことを否定することはできない。

また、(3)の「財務省は『安倍おろし』を画策するなど自分に敵対している組織だ」ということから「財務省が自分に忖度することはあり得ない」というのもあまりに短絡的だ。内閣人事局が設置され、中央省庁の幹部人事を完全に支配していたことについては、財務省も基本的に他の省庁と同様だったはずだ。安倍首相官邸の意向如何で昇進が妨げられ、或いは左遷されることを恐れることに関して、財務省だけが例外であったとは考えられない。財務省の一部に「安倍おろし」を画策する動きが仮にあったとしても、だからと言って、「財務省官僚が自分に忖度しない」ということになるわけがない。安倍氏の認識は、あまりに一方的かつ一面的だ。

安倍氏が語った「100万円授受」

また、安倍氏は、籠池氏について、以下のように述べている。

理事長は独特な人ですよね。私はお金を渡していませんが、もらったと言い張っていました。その後、息子さんが、私や昭恵との100万円授受を否定しています。この話が虚偽だったことは明確でしょう。理事長は野党に唆されて、つい「もらった」と口走ったんでしょ。理事長夫妻はその後、国や大阪府などの補助金を騙し取ったとして詐欺などの罪に問われました。もう、私と理事長のどちらに問題があるのかは、明白でしょう。

この点にも、安倍氏の事実認識が、自分の親しい人間からもたらされる、都合のよい情報だけに基づくものであることが表れている。

籠池氏は、安倍氏から直接100万円を受け取ったと言っているわけではなく、昭恵氏とのやり取りの話しかしていない。安倍氏の与り知らないところで、100万円の授受があったかどうかという問題であり、それについて、一方の籠池氏は、国会で証人喚問までされたのであるが、昭恵氏の方は、明らかに官僚が作成したと思えるコメントを、自身のフェイスブックのアカウントで発信し、その中に、「籠池さんに100万円の寄付金をお渡ししたことも、講演料を頂いたこともありません」と記載されているだけだ。

ところが、安倍氏は、この点について、「(籠池氏の)息子さんが、私や昭恵との100万円授受を否定しています。この話が虚偽だったことは明確でしょう」と述べている。この「息子」というのは籠池氏の長男の佳茂《よししげ》氏のことだと思われる。同氏が「100万円授受話」を否定しているので、籠池氏の話が虚偽だったと明言しているのである。

確かに、佳茂氏は、当初、籠池氏夫妻を支える立場で共に行動していたが、夫妻が詐欺罪で逮捕され勾留中の2018年秋頃から、花田紀凱《かずよし》氏、小川榮太郎《えいたろう》氏などの、安倍氏に近い言論人と接触するようになり、2019年9月24日には、以下のようなツイートを投稿している。

一番、森友学園騒動が盛り上がったのは、寄付金100万円の問題ですね。2017年3月15日、父がメディアに向けて昭恵夫人から寄付金100万円を受け取ったとの発言をしたのですが、この発言をしろと言ったのは菅野完です。捏造であり、報道テロです。

そして、その直後に、安倍政権批判に転じた籠池氏を批判する著書を出しているが、その中でも「100万円授受を否定している」という事実はない。ツイートでは、「捏造」という言葉を用いているが、『籠池家を囲むこんな人たち』と題する佳茂氏の著書では、その点については、以下のように書いているだけだ。

今となっては、それがあったかなかったかどちらでもいいような状態です。別に法的に問題があるわけではないし、むしろそれが寄付であるなら、それはそれできれいな話です。

しかし、この100万円授受話の真相は、菅野完から言われたシナリオ通りの話を3月15日の小学院の中で私が父に耳打ちし、敢行されたものだったのです。そういう意味では父は、言われたことをしたまでであり、何らの落ち度もありません。

要するに、その100万円の寄付の話を公言することは、菅野完氏の指示にしたがったものだと言っているだけで、「100万円授受話」が事実ではなかったとか、創作だったと言っているわけではない。むしろ、「それが寄付であるなら、それはそれできれいな話です」と書いていること、父の籠池氏について「何らの落ち度もありません」と言っていることからすると、100万円授受自体はあったことを前提にしているようにも思える。

佳茂氏は、この著書の公刊後、菅野完氏から、前記投稿と著書について名誉棄損による損害賠償請求訴訟を起こされ、敗訴が確定している。その訴訟での佳茂氏の「被告の認否」では、「100万円授受」については「真偽不明である」としている。つまり、佳茂氏は、ツイートで「捏造」というインパクトのある言葉を使用しただけで、「100万円授受話」の真偽については何も述べていないのである。

ところが安倍氏は、「息子さんが100万円授受を否定し、籠池氏の話が虚偽だったことは明確になった」と認識していたようだ。もし、安倍氏の認識のとおりであれば、籠池氏の国会での証言は、すべて偽証だったことになる。

そして、それに続く「理事長夫妻はその後、国や大阪府などの補助金を騙し取ったとして詐欺などの罪に問われました」と安倍氏が言えるのも、検察の籠池氏夫妻の「詐欺事件」の捜査・処分について、安倍政権への忖度が働いていたことを窺わせる事実だと言えよう。

『安倍晋三回顧録』の内容が、本人の認識をそのまま語ったものだとすると、少なくとも森友学園問題に関して安倍氏の事実認識には、大きな偏りがあり、客観性を欠いていたことは明らかだ。

ツイートでの「捏造」という言葉以外に、佳茂氏が「100万円授受話」を否定していると受け取れるものはネット記事も含めて殆《ほとん》ど見当たらない。では、安倍氏の誤った認識は、どのようにして生じたものなのか。2018年秋頃から、佳茂氏と急速に接近していた花田氏、小川氏などの安倍シンパの言論人などから伝えられたとしか考えられない（そうではないとすると、安倍氏が何の根拠もなく思い込んだ、ということになる）。

安倍氏の事実認識は、「自分を取り巻く仲間達」の言葉であれば無条件に信じ、2017年の都議会議員選挙での秋葉原駅の街頭演説で「こんな人達」と言ったような「自分に敵対する人達」の言うことには一切耳を貸さず、信用もしない、という極めて極端な姿勢だったことになる。

そうだったとすれば、安倍政権の世の中というのは、「安倍氏を取り巻く仲間達」にとっては、何でも簡単に信じてもらい、受け入れてもらえるのであるからこれ以上心地よいものはない。一方、絶対的な権力者に、何を言っても聞き入れてもらえない「こんな人達」にとっては、安倍氏は許し難い存在であり、それに対する反感・憎悪が極端なまでに高まっていくことになる。

こうして、安倍政権下において「二極化」が進み、物事が、「法令遵守と多数決」によって「単純化」されていった。その震源地は安倍氏自身だったということになるのである。

おわりに

昨年秋に、「単純化する社会」というテーマで新書執筆の依頼を受けた際、「組織のコンプライアンス」を専門にしてきた私にとって、当初念頭にあったのは、日本の経済社会における「不正」「不祥事」をめぐる「単純化」の問題だった。

その典型例は、「偽装・隠蔽・改ざん・ねつ造」に対する、マスコミや世の中全体からの問答無用の厳しい批判・非難だ。そのような言葉に該当する行為があったのか、なかったのか、という点だけに関心が集中し、何が行われたのか、それがどう問題なのか、何が原因なのか、ということを何も考えなくなってしまう。問題は「単純化」され、その本質に関心が向くことはなく、一面的な評価が行われる。

そのような「単純化」によって生じる矛盾・弊害は、数年前から、神戸製鋼所・三菱マテリアル・東レ等で相次いで表面化した「品質データ改ざん問題」などで一層大きくなっている。組織内で複数の人間が関わって長期間にわたって行われてきた不正には、背景に何らかの構造的な問題がある。決して一方的に非難されるような問題ではない場合も多い。しかし、いったん不正が明らかになれば、事情は全く無視され、容赦のない厳しい批判・非難を受ける。そのような日本社会の現状の下では、不正に関わっていても、それを隠し通して、「違法行為・不正は行っていない」ということにせざるを得ない。それが問題行為を潜在化させ、その把握を決定的に困難にしてしまう。まさに「カビ型不正」の構図だ。

このような経済社会全体の問題の一つとしての「問題の単純化」と、第二次安倍政権下の政治の世界で顕著になった「多数決と法令遵守」による「問題の単純化」、その両方を、同じ「単純化」の文脈でとらえることができないかというのが、当初の考えだった。

しかし、前者の「単純化」は、一つの事象に対する社会の見方が一つの方向に大きく流されてしまう問題であるのに対して、後者の「単純化」は、政治権力を握った側の振る舞いによって、社会の対立・分断が生じ、「二極化」していく中で生じた問題であるところに違いがあり、両者を共通の視点でとらえることは容易ではないように思えた。

そこで、本書では、第二次安倍政権下で進んだ政治の世界での「多数決と法令遵守」による「単純化」の問題に絞って、その構造を考察した。そこには、第一次安倍政権が「政権投げ出し」という不本意な結果に終わった苦い経験を持つ安倍氏が再度首相の座に就き、同様の事態を二度と繰り返さないことを至上命題とし、挑発的な態度で対立を煽るという独特の手法を用いたことが安倍支持派・反安倍派の「二極化」につながったという特殊な要因もあった。

第5章で述べたように、「多数決と法令遵守」による「単純化」は、安倍氏の国葬の是非をめぐる岸田政権の対応にも引き継がれた。安倍氏銃撃事件の影響もあって2022年7月の参院選も圧勝し国会での議席の圧倒的な多数を得た岸田政権は、防衛費の大幅増額、原発政策の大幅変更など、安倍政権でもなし得なかったタカ派的政策を、さしたる議論もなく決定している。岸田首相の手法は、安倍氏のような挑発的な態度で対立を煽るものではないが、重要な問題を多数決の論理で押し切る手法は安倍氏と共通する。

安倍政権の下で進んだ「単純化」は、安倍氏の個人的要因から離れ、自民党を中心とする政権の一般的な特徴になっていく可能性がある。それが、日本社会全体を覆う「単純化」と一体化することで、その病理は、長期間にわたって日本社会を蝕むことになるかもしれない。

2023年4月

郷原信郎

郷原信郎　ごうはら・のぶお
1955年生まれ。弁護士（郷原総合コンプライアンス法律事務所代表）。東京大学理学部卒業後、民間会社を経て、1983年検事任官。東京地検、長崎地検次席検事、法務総合研究所総括研究官等を経て、2006年退官。「法令遵守」からの脱却、「社会的要請への適応」としてのコンプライアンスの視点から、様々な分野の問題に斬り込む。名城大学教授・コンプライアンス研究センター長、総務省顧問・コンプライアンス室長、関西大学特任教授、横浜市コンプライアンス顧問などを歴任。近著に『〝歪んだ法〟に壊される日本 事件・事故の裏側にある「闇」』（KADOKAWA）がある。

朝日新書
908
「単純化《たんじゅんか》」という病《やまい》
安倍政治が日本に残したもの

2023年５月30日第１刷発行

著　者　郷原信郎

発行者　宇都宮健太朗
カバーデザイン　アンスガー・フォルマー　田嶋佳子
印刷所　凸版印刷株式会社
発行所　朝日新聞出版
〒104-8011　東京都中央区築地5-3-2
電話　03-5541-8832（編集）
03-5540-7793（販売）

Published in Japan by Asahi Shimbun Publications Inc.
ISBN 978-4-02-295215-8
定価はカバーに表示してあります。